La fin de la IIIe République au Mali

Histoire constitutionnelle

18 août 2020-28 mai 2021

Collection « Études africaines »
dirigée par Denis Pryen et son équipe

Forte de plus de mille titres publiés à ce jour, la collection « Études africaines » fait peau neuve. Elle présentera toujours les essais généraux qui ont fait son succès, mais se déclinera désormais également par séries thématiques : droit, économie, politique, sociologie, etc.

Dernières parutions

Tafsir BABA NDAO DIOUF, *l'esthétique de Léopold Sédar Senghor. Entre raison intuitive et raison discursive*, 2022.
Famoudou KONATE, avec la collaboration de Thomas OTT, *Mémoires d'un musicien africain. Ma vie – mon djembé – ma culture,* 2022.
Christelle MOLIMA BAMEKA, *Enfants soldats et réinsertion socio-communautaire. Questions de responsabilité pénale en droit international et national congolais*, 2022.
Simpara MAHAMADOU N'FA, *DE L'OUA AU G SAHEL. Une brève histoire de la gouvernance sécuritaire en Afrique*, 2022.
Emmanuel KOUROUSSOU GAOUKANÉ, *Les applications du Code de l'indigénat en Oubangui-Chari (1910-1946). Ou comment les mesures disciplinaires rendent possible ce que le budget de la colonie ne permet pas*, 2022.
Jean-Bruno BAYETTE, *Le mémoire de master à l'Université : sociologie de la réussite. Analyse de l'Université Marien N'Gouabi (République du Congo)*, 2022.
Emmanuel Tchumtchoua, *L'espace caféier au Sud-Cameroun sous administration française (1919-1945), Conflits, mutations sociales et résistances*, 2022.
Natan OBAME NDONG, *La rationalisation du traitement de l'investissement direct étranger par la commande publique au Gabon*, 2022.
Mukendi MUKENDI NTANTAMIKA, *La réglementation du secteur des hydrocarbures en RDC. Guide de lecture à l'usage du décideur public, de l'entrepreneur et du citoyen,* 2022.
Clotaire SAULET SURUNGBA, *Les États généraux de la Défense nationale en Centrafrique*, 2022.

Balla CISSÉ

La fin de la IIIe République au Mali

Histoire constitutionnelle

18 août 2020-28 mai 2021

Préface de Jean du Bois de Gaudusson
Avant-propos de Éric M. Ngango Youmbi

L'Harmattan

Du même auteur

Le juge, la doctrine et le contrôle des lois de révision de la Constitution, L'Harmattan, 2019.

5-7, rue de l'École-Polytechnique, 75005 Paris
http://www.editions-harmattan.fr
ISBN : 978-2-14-031566-4
EAN : 9782140315664

À Maître Oumarou Ouédraogo,
avocat au barreau du Burkina Faso

À feu Silly Camara

Remerciements

Je tiens à remercier, pour m'avoir assisté dans la réalisation et la finalisation de l'ouvrage, les amis suivants :

Marc VILLA,

Maître Mahamoud SIDIBE,

Professeur Éric Marcel NGANGO YOUMBI

Modou KAMARA.

Préface

En proposant de dresser l'acte de décès de la IIIème république du Mali, M. Balla Cissé n'a pas choisi la facilité mais en juriste averti il instruit le lecteur et ne souhaitant pas rester spectateur il a pour projet de préparer l'avenir. C'est l'objet de cet essai ... Le Mali, comme il le montre bien, est pris dans une histoire où s'entremêlent, se confondent, s'entrechoquent coups d'État, régimes militaires, Républiques, institutions constitutionnelles démocratiques. La situation n'est pas inédite en Afrique mais elle atteint un degré particulier de complexité au Mali résultant de la succession de putsch à répétition que la population n'a pas hésité à soutenir, et qui n'ont pu être empêchés par les instances internationales ni même par le nouveau constitutionnalisme des années 90 ; que l'on se souvienne des espoirs mis dans l'article 121 de la constitution du 25 février 1992 disposant que : « tout coup d'État ou putsch est un crime imprescriptible contre le peuple malien ».

On retiendra des développements souvent exprimés en termes vifs mais stimulants de M. Balla Cissé, que le cas Malien, particulièrement aujourd'hui, est un bon exemple de ces évolutions politiques mettant en difficulté le constitutionnalisme voire sa légitimité et en tout cas son efficacité ; une des raisons mais ce n'est pas la seule tient à la nature et aux prétentions constitutionnelles des régimes issus de coups d'État. Ne constate-t-on pas, ici au Mali comme ailleurs, l'utilisation décomplexée et opportuniste du droit constitutionnel par les auteurs des coups d'État prenant appui sur les dispositions constitutionnelles et convoquant, la justice constitutionnelle, comme d'autres l'ont fait à Madagascar, au Burkina Faso par exemple, pour parvenir à leurs fins ? Cette utilisation des armes juridiques est parfois considérée comme un « progrès » dans l'histoire de la démocratie en Afrique dans la mesure où les nouveaux dirigeants issus des coups d'État en se préoccupant de fonder leurs actions sur le terrain du droit, plutôt que sur celui des armes manifesteraient une prise de conscience de l'importance de l'État de droit et l'acceptation, *a minima* certes, d'un certain nombre d'obligations qui en découle. Il y en a plusieurs exemples en Afrique. Quel qu'en soient les raisons, la conséquence en est une dévalorisation du constitutionnalisme ; celui-ci perd de son autorité par le jeu des imaginations et interprétations sans limites et à l'infini faites par les juristes, les politiques, les juges et se réduit à ne plus être qu'un habillage ou qu'un corps de techniques d'agencement des institutions du pouvoir et de la gouvernance, nécessaires, mais dépourvu de la vertu qui donne tout son prix et sa force pour la démocratie et la protection des droits et les libertés des citoyens. La question est posée pas uniquement pour le Mali et les régimes militaires ; elle l'est dans cet ouvrage, et elle montre la nécessité de poursuivre les nombreuses réflexions sur la recherche de nouvelles approches, d'autres institutions voire théories du constitutionnalisme dont dépendent son avenir et celui de la démocratie, mais aussi de s'entendre sur la sémantique et les mots…

Reste « l''avenir constitutionnel pour le Mali » comme s'y engage M. Balla Cissé ; pour ce faire celui-ci apporte des propositions, précises et argumentées ; chacune d'entre elles mériteraient d'être discutées ; elles le seront certainement tant elles sont incontestablement de nature à nourrir le débat constitutionnel au Mali qui ici comme ailleurs est loin d'être clos.

Jean du Bois de Gaudusson

Professeur émérite à l'université de Bordeaux
De l'Académie des Sciences d'Outre - Mer

Avant-propos

La fin de la IIIe République – Histoire constitutionnelle du Mali (18 août 2020-28 mai 2021) : voilà un intitulé digne d'un polar, d'un best-seller mondial ! Balla Cissé, l'auteur de cet ouvrage, à l'image de l'illustre homme politique et homme de lettres Aimé Césaire dans *la Tragédie du roi Christophe*, évoque avec un réalisme déconcertant le destin d'un peuple, le peuple malien, tout en détaillant ses idées sur l'avenir constitutionnel de son pays, position inattendue pour un juriste, mais remarquable et salutaire, car la réalité politique malienne n'est pas si éloignée de l'image funeste du destin des Haïtiens tel que le rapporte le poète martiniquais. Depuis son indépendance en 1960, le Mali a connu en effet des convulsions politiques marquées par un grand nombre de coups d'État militaires qu'il est utile de rappeler.

Le premier d'entre eux, le 19 novembre 1968, part de la célèbre caserne de Kati – comme tous ceux qui suivront – et renverse le régime socialiste du président Modibo Keïta, père de l'indépendance. Après vingt-trois ans de règne, le 26 mars 1991, Moussa Traoré est mis aux arrêts par le lieutenant-colonel Amadou Toumani Touré (ATT). La Constitution démocratique du 25 février 1992 que ce dernier met en place suscite bien des espoirs mais connaît une fortune diverse, malmenée par quatre tentatives de révisions : la première est censurée en octobre 1999 sous la présidence d'Alpha Oumar Konaré en raison des inconstitutionnalités ; puis, en 2012, le référendum qui devait permettre son adoption est frappé de caducité après le coup d'État du capitaine Sanogo contre ATT. Enfin, sous Ibrahim Boubacar Keïta (IBK), le projet de révision est abandonné après de vives manifestations, d'abord en 2017, puis en 2019, qui s'opposent, elles aussi, au référendum censé l'avaliser. La Constitution de la IIIe République sera également suspendue puis réactivée. La relative stabilité politique qu'elle instaure pendant les deux mandats d'Alpha Oumar Konaré (1992-1997, 1997-2002) et d'ATT (2002-2007, 2007-2012) est interrompue par le coup d'État du 22 mars 2012 qui contraint le président soldat à l'exil. C'est à cette date que se situe l'agonie politique du Mali, car le départ d'ATT, causé par le capitaine Amadou Sanogo, conforte la crise sécessionniste du Nord conduite par le Mouvement national de libération de l'Azawad (MNLA) soutenu par le Mouvement pour l'unicité et le jihad en Afrique de l'Ouest (Mujao). De même, la chute du colonel Kadhafi en Libye et la débâcle de l'État favorisent la création d'un nouveau front de djihadistes parallèlement à l'Azawad. De surcroît, les problèmes d'insécurité et de corruption, qu'IBK avait pourtant promis de résoudre au moment de son élection en 2013 vont grandissant. Alors, le 18 août 2020, à la suite d'une série de manifestations organisées par le Mouvement du 5-Juin – Rassemblement des Forces Patriotiques (M5-RFP), le colonel retraité et ancien ministre de la Défense Bah N'Daw est désigné président de la Transition par le colonel Assimi Goïta qui a mené le coup d'État contre IBK et occupe la fonction de vice-président chargé des questions de défense et de sécurité. Un changement de gouvernement pousse ce dernier à écarter le Président le 25 mai 2021 et à lui succéder.

Aujourd'hui, il est évident que, placé sous l'emprise d'une transition militaire interminable et subissant la recrudescence des menaces djihadistes et sécessionnistes, le Mali vit dans l'incertitude en matière constitutionnelle et ignore quelle forme peut prendre son avenir. Dans ces circonstances, la doctrine est appelée à jouer le rôle d'éclaireur. C'est en cela que l'ouvrage de Balla Cissé nous aide à comprendre le présent, par un détour dans le passé, pour anticiper l'avenir de façon optimiste. Il ne se contente pas d'une description impassible devant l'agonie constitutionnelle de son pays, mais propose des solutions.

Le lecteur comprendra aisément qu'il ne s'agit pas d'un ouvrage d'histoire constitutionnelle comme celui de Marcel Morabito (*Histoire constitutionnelle de la France de 1789 à nos jours*, LGDJ, 2020) qui rend compte, sur une période de plus de deux cents ans, des mécanismes formant le socle constitutionnel et politique de la France contemporaine, mais bien d'un ouvrage d'actualité constitutionnelle qui se réfère à une dizaine de mois (du 18 août 2020 au 28 mai 2021), fait quelques utiles digressions dans le passé et donne des conseils pour l'avenir. Il n'est pas question d'un récit des événements passés ayant des implications constitutionnelles, mais d'une histoire qui se déroule dans le présent, exposant les événements politiques actuels et les processus politico-constitutionnels à l'œuvre. Ce travail se rapproche de celui d'un Éloi Diarra, qui, dans une étude parue en 2010 dans *la Revue juridique et politique des États francophones*, en analysant les moments charnières de l'histoire politique du Mali (période précoloniale, coloniale, indépendance) détaille le passage d'une Constitution à une autre. En quatre articulations, l'ouvrage de notre collègue et ami explique clairement les origines du coup d'État d'août 2020 et rend courageusement compte des différentes responsabilités dans la situation de déconfiture politique et de déroute institutionnelle qui a succédé au coup de force qui lui sert de référence. Il passe au crible de l'analyse constitutionnelle l'action de l'armée au pouvoir (le Conseil national de transition), celle de la Cour constitutionnelle, à qui il reproche d'avoir fermé les yeux sur des entorses faites à la Constitution, d'avoir légitimé de façon sibylline le Conseil national de Transition (arrêt du 18 décembre 2020), et d'avoir sonné finalement le glas de la IIIe République (arrêt du 28 mai 2021).

Balla Cissé est un constitutionnaliste plein de conviction qui offre à la doctrine un essai qui se lit d'une seule traite. Il s'agit incontestablement d'un écrit de droit constitutionnel, car s'il est le droit de la Constitution, l'on doit convenir avec Denis BARANGER que la Constitution n'est pas seulement « l'espace où se déroule l'action politique telle que le droit la met en forme », mais aussi « le lieu où sont fixées les conditions de création du droit ». Le lecteur africain et étranger, sans forcément partager certaines interprétations de l'auteur, sera plus instruit sur une parenthèse importante et actuelle de l'histoire constitutionnelle du Mali qui peine à se refermer.

Il ne me reste plus qu'à souhaiter que les acteurs de ce processus complexe concrétisent les idées de Balla Cissé et mettent à profit sa réflexion dans la recherche d'une solution durable au casse-tête constitutionnel malien.

Éric M. NGANGO YOUMBI

Agrégé de droit public

Membre de l'Association internationale de droit constitutionnel

Université de Maroua (Cameroun)

Les mobiles

Au Mali, le coup d'État du 18 août 2020 aurait pu laisser indifférent : une fois encore, le peuple subissait l'intrusion de l'armée en politique ; une fois encore, la Constitution allait être suspendue ; une fois encore, à la corruption d'un pouvoir civil succédait la corruption d'un pouvoir militaire. La mise à l'écart du président de la République Ibrahim Boubacar Keïta, arrêté par un groupe de colonels, rappelait celle de Modibo Keïta cinquante ans auparavant, celle de Moussa Traoré, vingt ans plus tard, celle d'Amadou Toumani Touré, une décennie après… Un cycle hélas bien connu se reproduisait donc. Le Malien que je suis, établi en France depuis plus de dix ans, lassé de ce nouveau recommencement, aurait pu renoncer à comprendre les caractéristiques du régime de Transition.

Cependant, dès son accession à la tête de l'État, la junte usait de sa force d'une manière originale : le palais de Koulouba était pris sans qu'un coup de feu n'eût été tiré ; un autre que le colonel Goïta, pourtant chef des putschistes, prenait les fonctions de président de la Transition quelques semaines plus tard, tandis que, peu après, avait lieu « *un coup d'État dans le coup d'État* », selon le président de la République française Emmanuel Macron. Surtout, le régime parvenait à se maintenir au moyen d'un procédé singulier dans l'histoire constitutionnelle du pays, une Charte concurrençant la Constitution de la IIIe République sans la suspendre, au moins les premiers temps. C'est principalement ce texte qui m'a donné l'idée de cet essai. En effet, ayant travaillé, dans le cadre d'une thèse doctorale en droit public, sur le contrôle des lois révisant la Constitution, je trouvais un sujet d'étude stimulant en analysant les mesures anticonstitutionnelles prises par la junte.

Pour un jeune chercheur habitué à écrire des articles tant dans des revues spécialisées que dans la presse malienne sur l'actualité politique au jour le jour, l'exercice exigeant de réflexion et de rédaction sur une période étendue, quoique brève (2020-2022), mais dense, tenait du défi scientifique. Défi obligatoire pour le chercheur, tenu de maintenir au plus haut niveau ses connaissances, de les approfondir, d'en acquérir de nouvelles, d'autant plus quand il enseigne à l'Université : de ce point de vue, l'élaboration de cet opuscule me permettait d'offrir au lecteur, même le moins instruit en matière juridique ou le moins averti sur la politique malienne, une petite étude semblable à un cours préparé pour mes étudiants en droit. Le style des quelques pages qui suivent est donc simple, justifié par une intention didactique. Néanmoins, par endroits, j'ai laissé s'exprimer mon indignation sous la forme d'expressions ironiques, de tournures un peu satiriques : choix légitime à condition que l'émotion reste au service de l'analyse et que, pour cela, je m'efforce d'en comprendre l'origine, c'est-à-dire que je cherche à saisir les ressorts de la dictature. On pourra ainsi considérer mon travail comme celui d'un citoyen engagé, soucieux de voir enfin son pays prospérer. Voilà pourquoi dans la dernière partie du livre sont présentées quelques solutions visant à rendre stable l'État malien.

Mon travail doit beaucoup aux débats auxquels j'ai participé avec des juristes, avec des politologues, avec d'anciens ministres, notamment sur la chaîne *RP Medias*. Il n'aurait pas eu le même intérêt sans les nombreuses discussions que j'ai eues avec mes amis, pourtant ignorant tout de l'histoire du Mali : j'ai souvent tiré profit de leurs remarques de bon sens et de leurs questions, simples en apparence, pour affûter mon jugement, pour aiguiser mes analyses… Le café parisien, le dimanche matin, tient aisément de l'arbre à palabres !

Finalement, un an après le coup d'État malien, en septembre 2021, le colonel Mamadi Doumbouya s'imposait président de la Transition de la République de Guinée, et, en janvier 2022, au Burkina Faso, le lieutenant-colonel Paul-Henri Damiba s'installait au palais de Kosyam, l'un et l'autre employant des procédés juridiques ressemblant fort à ceux de la junte malienne : coïncidence ou inspiration ? Espérons que ce constat suggère la pertinence de cet essai et que le lecteur en trouve facilement la valeur.

Introduction

Le 21 septembre 2020, la junte qui a renversé Ibrahim Boubacar Keïta (IBK) rend public le nom du président de la Transition : le colonel Bah N'Daw, retraité de l'armée malienne. À compter du vendredi 25 septembre 2020, date de son entrée en fonction, il est secondé par un vice-président, le dirigeant du Comité national pour le salut du peuple (CNSP) et lui aussi colonel, Assimi Goïta, qui avait succédé au Président déchu le 18 août de la même année. Une fois de plus dans l'histoire du Mali, un militaire est promu à la tête de l'État, sans consultation démocratique, succédant à un autre officier, intégrant ainsi la longue liste des Moussa Traoré, Amadou Toumani Touré (ATT), Amadou Haya Sanogo. Énième exemple de l'emprise de l'armée dans la direction du pays, car, depuis l'indépendance en 1960, c'est elle qui détient le pouvoir, trois civils seulement ayant accédé à la présidence de la République : Modibo Keïta, Alpha Oumar Konaré et IBK. Mais même pendant cette période, l'armée a occupé un rôle crucial dans la destinée du pays, fomentant des coups d'État nombreux et pesant sur l'exécutif : la politique malienne est bien au garde-à-vous, soumise aux desiderata des officiers du camp de Kati.

Cette omniprésence depuis plus de six décennies s'explique aisément : les militaires se sont toujours posés en recours aux dirigeants qui ne pouvaient achever leur mandat sans être fortement contestés par la rue, les citoyens leur reprochant leur mauvaise gouvernance ou dénonçant leur incapacité, en particulier à l'égard de la crise sécuritaire que subit le Nord du Mali. Par conséquent, aux yeux de certains, les militaires sont les seuls à garantir un peu d'espoir en un avenir meilleur. Mais la politisation de l'armée a fini par produire des effets délétères sur la démocratie et sur les institutions et une alternative s'est imposée : ou bien l'armée prend le pouvoir, au détriment de la démocratie, pour sécuriser le pays et moraliser la vie publique, ou bien les civils assurent la destinée du pays, mais c'est au prix de la violence terroriste, qu'ils ne peuvent pas réduire, et de la mauvaise gouvernance. À ce dilemme, l'histoire semble avoir tranché. Pourtant, hommes politiques et intellectuels maliens s'efforcent de trouver une troisième voie. Les uns, comme Choguel Maïga, nommé Premier ministre le 7 juin 2021, cherchent à concilier les deux parties, en avançant que « la démocratie ne se ramène pas aux élections »[1] ; les autres, au contraire, estiment que l'armée est incapable de gouverner et incapable de ramener la paix, faute de moyens suffisants, et que les civils, par manque de volonté notamment, ne font pas mieux. Parmi ceux-là, le constitutionnaliste camerounais Maurice Kamto écrivait en 1993 un essai remarquable et sans concession, *l'Urgence de la pensée*, dans lequel il se plaignait de la vacuité de la pensée politique et affirmait : l' « *Afrique traîne, mais le monde ne l'attend pas*[2] ». Force est de constater que l'observation lucide qu'il portait sur le

[1] Entretien donné à RFI le 21 février 2022.

[2] M. Kamto, *L'Urgence de la pensée, Réflexions sur une précondition du développement en Afrique*, Yaoundé, Mandara, 1993, p. 8.

continent noir est toujours pertinente, pour le Mali au moins.

En effet, depuis le départ d'IBK, les putschistes parachèvent le travail de sape de l'État accompli par tous leurs prédécesseurs. Dès leur arrivée au pouvoir, la junte impose ainsi une Charte de Transition juridiquement absurde et inique, car, d'après son article 22, elle « *complète* » la Constitution de la IIIe République, tout en lui étant supérieure ! Peu à peu, les soldats factieux se servent de ce texte pour légitimer leur emprise, pour se réserver les postes clefs et s'assurer la mainmise sur les pouvoirs exécutif et législatif : Assimi Goïta, nommé vice-président, obtient des prérogatives plus étendues que celles du président Bah N'Daw, et le colonel Malick Diaw est élu à la présidence du Conseil national de Transition (CNT), l'équivalent du Parlement. De plus, jusqu'à la fin 2020, le régime ne se préoccupe pas de la Cour constitutionnelle, qui reste muette, malgré les atteintes à la Constitution. Cependant, après un deuxième putsch, le 24 mai 2021, qui écarte le Président et le Premier ministre, Moctar Ouane, l'armée, de plus en plus isolée à l'échelle régionale et internationale, cherche à moraliser son action. À cette fin, elle adresse deux demandes aux juges constitutionnels, l'une le 11 décembre 2020, l'autre le 27 mai 2021, ces sollicitations devant montrer au peuple et à la Communauté économique des États d'Afrique de l'Ouest (Cédéao) que le Mali reste un État de droit. En dépit du mépris que les officiers leur ont montré jusqu'alors et des mesures anticonstitutionnelles que ces derniers ont prises depuis le départ d'IBK, les magistrats déclarent recevables les saisines. Cette soumission atteint son paroxysme dans l'arrêt du 28 mai 2021, qui reconnaît la supériorité de la Charte de Transition sur la Constitution et convient alors que le vice-président, Assimi Goïta, au vu de la vacance de la présidence, est le chef de l'État.

La décision de la Cour et les arguments qui la fondent marquent, selon nous, l'acte de décès de la IIIe République, à l'agonie depuis le départ forcé du Président IBK. La Constitution n'est plus la norme de référence, puisqu'elle est officiellement supplantée par la Charte de Transition, avec l'accord des juges censés la protéger. Début 2022, elle est même reconduite pour cinq ans, au terme des Assises nationales pour la refondation (ANR), un ensemble de réunions prétendant représenter le peuple dans sa diversité.

Comment en est-on arrivé là ?

C'est la question à laquelle cet opuscule s'efforce de répondre, en des termes simples, compréhensibles, nous l'espérons, pour le non-juriste.

Pour cela, il faudra d'abord exposer les causes du coup d'État du 18 août 2020, dont les origines se trouvent dans l'histoire constitutionnelle tourmentée du Mali et dans celle des États d'Afrique de l'Ouest francophones. Ensuite, nous analyserons l'action inconstitutionnelle de l'armée depuis qu'elle s'est installée au palais de Koulouba, puis nous étudierons le rôle de la Cour constitutionnelle dans la légitimation de la dictature militaire. Enfin, nous montrerons quels ultimes coups ont été portés au droit constitutionnel malien pour nous interroger sur sa viabilité à plus ou moins long terme.

I.

Les origines du coup d'état d'août 2020

« *Il y a urgence de penseurs, parce qu'une société qui ne compte pas parmi ses membres une catégorie pensante est vouée irrémédiablement à la domination des autres, car elle ne peut maîtriser le cours de son destin.* » Ainsi s'exprime Maurice Kamto en 1993[3]. Presque trente ans plus tard, cette affirmation n'est-elle pas d'actualité au Mali ? Le pays est-il agité par des débats d'intellectuels visant à résoudre les problèmes du peuple ? Non, car il en coûte à ceux qui osent s'opposer au régime : en octobre 2021, le vice-président du CNT est arrêté pour avoir tenu des « *propos subversifs* » et, en dépit de son immunité parlementaire, Issa Kaou N'Djim est emprisonné. Depuis, les arrestations d'opposants à la junte se multiplient[4]. De même, faute de hauteur de vue, les officiers au pouvoir en sont réduits à confier des missions de sécurité à un groupe paramilitaire russe, Wagner, dont les liens avec le Kremlin sont réels. Les Maliens sont-ils les maîtres chez

---

[3] M. Kamto, *op. cit.*, p. 116.

[4] *Le Monde*, 24 février 2022, https://www.lemonde.fr/afrique/article/2022/02/23/si-vous-n-etes-pas-avec-nous-vous-etes-contre-nous-a-bamako-le-raidissement-de-la-junte-inquiete_6114972_3212.html Site consulté le 19 mars 2022.

eux ? L'ampleur de la crise politique instaurée par le coup d'État d'août 2020 est gigantesque. Elle s'explique non seulement par les mesures anticonstitutionnelles prises par l'armée, sur lesquelles nous reviendrons en détail, mais aussi par l'instabilité constitutionnelle et politique du Mali, depuis son indépendance en 1960, et des États d'Afrique de l'Ouest francophones : coups d'État militaires répétés ; Constitutions bafouées et remplacées par des textes inadaptés, mal rédigés et, surtout, imposés au peuple ; détournement de l'esprit de théories juridiques ; mauvaise gouvernance des dirigeants et perte de leur légitimité... Les circonstances politiques et juridiques ne pouvaient donc que précipiter le Mali dans une situation gravissime.

1. La politique malienne au garde-à-vous

Au vu de l'éviction par la force du gouvernement, en août 2020 et en mai 2021, le Mali mérite bien le surnom de « terre des coups d'État ». Il est vrai que les périodes de démocratie – une vingtaine d'années au total – ont été bien moins nombreuses que les années de dictature militaire qui, depuis 1968, ont affaibli le pays, réduit à rien le principe de la souveraineté populaire, méprisé le droit et nié la légitimité de la Constitution. Le régime d'Assimi Goïta est donc d'une tragique banalité. Mais comment l'armée a-t-elle acquis cette place prééminente ? Elle a réussi cela, d'abord, en s'efforçant de légitimer la prise du pouvoir par la force, puis en constitutionnalisant des mesures visant à écarter ses opposants, à conserver la conduite du pays et à jouir d'une impunité certaine.

La légitimation des coups d'État militaires

Quelques chiffres suffisent à prouver la gestion calamiteuse du Mali depuis l'indépendance : d'après l'Organisation des Nations unies pour l'éducation, la science et la culture (Unesco), le taux d'alphabétisation des personnes de 15 ans et plus est de 35,5 % ; sur 189 pays, le Mali est placé au 184e rang pour ce qui est de l'indice de développement humain[5]... Et que dire de la politique sécuritaire, insuffisante pour lutter contre le terrorisme, notamment dans le Nord du pays ? L'armée passe alors pour le sauveur, un *deus ex machina*. Contrairement aux principes du droit constitutionnel, elle s'est donc imposée comme un intermédiaire indispensable dans le domaine politique, un soutien inconditionnel à la démocratie malienne prise en otage par des gouvernements civils incapables. Ainsi promue défenseur des droits, l'armée recourt souvent à la force contre les gouvernants civils.

Or, situé dans la ville de Kati, à quinze kilomètres de Bamako, le camp militaire Soundiata-Keïta constitue l'un des problèmes du Mali. Tous les coups d'État, en effet, sont partis de là. Sa proximité avec le palais de Koulouba explique qu'il constitue une menace si grande pour les Présidents que certains ont parfois cherché à s'en éloigner. Les officiers supérieurs qui contrôlent le pays ont, comme leurs prédécesseurs, fréquenté le prytanée militaire installé en son sein, si bien que, par plaisanterie, il porte le surnom de « fabrique de putschistes », comme le rappelle Niagalé

---

[5] Site du ministère français des Affaires étrangères consulté le 1er août 2021.

Bagayoko[6]. Ce lieu insolite concentre une partie des maux dont souffre le Mali : la pauvreté touche l'essentiel des soldats, qui vivent dans des abris en tôle[7], tandis qu'une minorité d'officiers corrompus, grâce, nous le verrons, au détournement de l'argent des soldes, réside dans de grandes maisons. La frustration d'une vie de misère démobilise les uns ou pousse les autres à déloger un chef d'État ou un autre sur lequel se concentrent tous les reproches.

Cependant – c'est pourtant une évidence –, l'insuffisance des dirigeants civils ne peut pas justifier les coups d'État, d'autant que ceux qui les remplacent ne sont pas exempts de défauts ! Mais pour éviter le reproche de la prise de pouvoir illégale, comme aucune élection démocratique ne les a portés au pouvoir, les militaires factieux ont l'habitude de développer le même argumentaire afin de légitimer leur présence au sommet de l'État. De façon paradoxale, le peuple a souvent soutenu ces entreprises martiales – mais les premiers temps seulement, car elles ont toujours échoué à assainir le pays. La République du Mali, disons-le non sans ironie, peut se vanter de compter une cohorte d'officiers de valeurs, soucieux de l'intérêt du pays. Ils n'ont certes pas respecté les termes de la Constitution pour accéder à la magistrature suprême, mais leur action fut motivée par de nobles raisons, à en croire leurs déclarations : le 19 novembre 1968, Moussa Traoré et ses officiers affirment ainsi que « *l'heure de la liberté a sonné* » et que « *le régime dictatorial de Modibo Keïta* […] *a chuté*[8] » ; le 2 avril 2012, Amadou Haya

[6] https://www.radiofrance.fr/franceculture/podcasts/cultures-monde/mali-le-mythe-du-bon-coup-d-etat-7223880
Site consulté en juin 2022.

[7] http://news.abamako.com/h/14268.html Site consulté en juin 2022.

[8] *Jeune Afrique*, 19 novembre 2018,

Sanogo explique son coup de force contre Amadou Toumani Touré par « *l'incapacité du gouvernement à donner aux forces armées les moyens nécessaires de défendre l'intégrité [du] territoire national* », et s'engage à « *restituer le pouvoir à un président démocratiquement élu dès que l'unité nationale et l'intégrité territoriale seront rétablies*[9] ».

Mais ces paroles n'ont jamais été suivies d'effet. Seul ATT, nouveau chef de la transition, en 1991, respecte la parole qu'il a donnée en laissant la place aux civils, quatorze mois plus tard, les autres putschistes préférant faire perdurer le régime sans partage qu'ils ont cependant dénoncé. Pour cela, ils mettent en place un organe exceptionnel présenté comme honnête. Moussa Traoré installe ainsi un *Comité militaire de libération nationale* en 1968 ; Amadou Toumani Touré, qui le renverse en 1991, lui préfère un *Conseil national de réconciliation*, puis, l'année suivante, un *Comité de transition pour le salut du peuple*, tandis qu'Amadou Haya Sanogo, en 2012, opte pour un *Comité national pour le redressement de la démocratie et la restauration de l'État.* Ces régimes semblent respectueux à la fois de la démocratie et des principes républicains qu'ils prétendent vouloir restaurer pour le bien du peuple. L'adhésion de la majorité des Maliens, privés de leurs droits par la dictature, est souvent le

---

https://www.jeuneafrique.com/375154/politique/jour-19-novembre-1968-coup-detat-renverse-president-malien-modibo-keita/ Site consulté le 19 mars 2022.

[9] *Le Nouvel Observateur*, 22 mars 2012
https://archive.wikiwix.com/cache/index2.php?url=http%3A%2F%2Ftempsreel.nouvelobs.com%2Fmonde%2F20120322.FAP1878%2Fcoup-d-etat-de-soldats-contre-le-gouvernement-au-mali.html#federation=archive.wikiwix.com.
Site consulté le 19 mars 2022.

meilleur de leurs appuis : en 1968, ils se réjouissaient – pour une courte durée cependant – de la victoire de Moussa Traoré sur Modibo Keïta, dont la présidence avait commandé, notamment, l'incarcération des opposants politiques et, nous le verrons, la suspension de la Constitution. Toutefois, cette faveur n'a jamais été constante ni unanime, car les régimes de transition, reproduisant les fautes des dirigeants qu'ils ont fait tomber finissent par mécontenter le peuple. Alors, se sachant contestés, les militaires garantissent leur suprématie vacillante en manipulant le droit et la justice.

La constitutionnalisation de pouvoirs forts

Dans l'histoire du Mali, les putschistes ont la même logique contradictoire depuis le premier coup d'État ; en effet, alors qu'ils affirment, nous l'avons vu, épurer un système perverti par la dictature, ils le dégradent un peu plus. Leur moyen pour cela est toujours semblable : porter atteinte à la Constitution, tantôt en la suspendant, de façon officielle ou non, tantôt en la supprimant. Les régimes apparaissent donc doublement iniques : d'abord parce qu'ils sont mis en place par la force, ensuite parce qu'ils écartent la norme fondamentale au profit d'un texte à valeur constitutionnelle dont les termes légalisent leurs ambitions personnelles, la première étant de se maintenir le plus possible à la tête du pays.

Chef de l'État à partir de 1968, Moussa Traoré suspend la Constitution de la Ire République et instaure un régime d'exception. Président de la République l'année suivante, il attend 1974 pour annuler la norme fondamentale et détourner plus encore les institutions démocratiques : la

IIe République est proclamée après que 99 % des votants l'ont acceptée par référendum. Les Maliens gardent le droit d'exprimer leurs opinions politiques, mais dans le cadre du seul parti autorisé par la Constitution : l'Union démocratique du peuple malien (UDPM). Ce dernier remporte évidemment le scrutin législatif de 1979. En apparence, donc, les droits des citoyens sont préservés ; en réalité, la dictature est en place, légitimée par un processus constitutionnel – le vote – et codifiée en un ensemble d'articles juridiques – la Constitution. Le Mali peut donc s'affirmer comme respectueux des institutions…

Une ère démocratique s'ouvre cependant à partir de 1991, date à laquelle ATT prend les armes pour abolir le règne criminel de Moussa Traoré. Comme chef du Comité de transition pour le salut du peuple, il est intéressant de voir que le « soldat de la démocratie », s'il ne supprime pas la Constitution de la IIe République, lui préfère la charte du régime à laquelle il confère un poids juridique supérieur, puisqu'elle autorise le multipartisme en 1992. Alors seulement des élections libres sont organisées, aboutissent à la promulgation de la IIIe République et font d'Alpha Oumar Konaré le premier président de la République élu de façon démocratique. Dix ans plus tard, ATT revient au pouvoir, par les urnes, mais son second mandat prend fin avant son terme, Amadou Haya Sanogo s'emparant de la direction du pays au mépris de la Constitution. Le 22 mars 2012, un « Acte fondamental » suspend cette dernière « *jusqu'à nouvel ordre* » ; « *toutes les institutions de la république sont dissoutes*[10] ». Cette multiplication de coups de force montre que le constitutionnalisme n'est pas reconnu comme légitime. Les putschistes visent donc à réduire le plus possible le droit constitutionnel, voire à l'annihiler, pour rester aux commandes de l'État selon les modalités qui leur conviennent. Mais une fois qu'ils ont affaire à la justice, après qu'ils ont perdu le pouvoir, il arrive souvent que les dictateurs jouissent d'une indulgence très étonnante.

Une justice aux ordres ?

Parmi les officiers de l'armée qui ont usurpé le pouvoir, la plupart ont certes été incarcérés, mais ont profité de la clémence de la justice.

Arrêté le jour même du putsch mené par Amadou Toumani Touré, Moussa Traoré est jugé à la fin de l'année 1991. Reconnu coupable de plusieurs crimes, il se voit condamné à la peine capitale, mais Alpha Oumar Konaré se prononce pour une détention à perpétuité avant de le gracier en 2002. Si des principes louables – le refus de la peine de mort, notamment – expliquent cette mesure d'une exceptionnelle magnanimité, le peuple malien, victime du tyran, l'a tout à fait désapprouvée. Toutefois, Moussa Traoré a ensuite acquis une respectabilité certaine après avoir recouvré la liberté, au point qu'Ibrahim Boubacar Keïta, en 2013, le jour de son investiture comme président de la République, pouvait le qualifier de « *grand républicain* ». Aussi, retiré dans une villa de la capitale, l'ancien général recevait-il les hommes politiques : peu avant son décès, en

---

[10] Communiqué du Comité national pour le redressement de la démocratie et la restauration de l'État, 22 mars 2012, https://mjp.univ-perp.fr/constit/ml2012.htm Site consulté en mai 2022.

septembre 2020, il avait accueilli chez lui Assimi Goïta. Des funérailles nationales furent organisées, car, entre dictateurs, la considération est réciproque. Quant à la justice malienne, il est étonnant qu'elle se soit montrée si laxiste à l'égard d'un homme sanguinaire qui avait détourné tous les pouvoirs, y compris le pouvoir judiciaire.

Le destin d'Amadou Haya Sanogo, au lendemain de son départ du palais présidentiel, est tout aussi fantastique. En effet, parce qu'il a exercé, sans mandat du peuple, la fonction suprême trois semaines environ en 2012, le capitaine factieux réussit à profiter des avantages afférents aux anciens chefs d'État, le président intérimaire Dioncounda Traoré et la Cédéao se montrant d'une complaisance tout à fait incroyable. Ce statut lui est toutefois retiré par l'organisation régionale quelques semaines plus tard. Après avoir été incarcéré en l'attente de son procès pour assassinats contre les Bérets rouges (les soldats soutenant ATT), le dictateur déchu reste en résidence surveillée jusqu'au 15 mars 2021, date d'un épilogue judiciaire extraordinaire, puisque aucun verdict n'est prononcé : « *Sur la base de la loi d'entente et le protocole d'accord signé entre le gouvernement de la République et les victimes, la Cour ordonne que l'action soit éteinte contre les inculpés, qu'ils soient immédiatement libérés si aucune autre charge n'est retenue contre eux*[11]. »

En accédant à la tête du Mali, Assimi Goïta a certainement eu présent à l'esprit l'emprisonnement auquel ses prédécesseurs avaient été condamnés. C'est la raison pour laquelle l'article 23 de la Charte de la Transition du

---

[11]https://www.france24.com/fr/afrique/20210315-mali-le-proc%C3%A8s-du-g%C3%A9n%C3%A9ral-putschiste-amadou-sanogo-se-conclut-sans-verdict Site consulté en avril 2022.

1er octobre 2020 dispose que les « *membres du Comité national pour le salut du peuple et tous les acteurs ayant participé aux événements allant du 18 août 2020 à l'investiture du président de la Transition bénéficient de l'immunité. À ce titre, ils ne peuvent être poursuivis ou arrêtés pour des actes posés lors desdits événements. Une loi d'amnistie sera adoptée à cet effet* ».

Cela étant, pour rester au pouvoir, comme nous le verrons, le Président Goïta s'est inspiré d'autres hommes forts que des officiers maliens. En effet, les autocrates de certains États d'Afrique noire francophone recourent de plus en plus à des révisions constitutionnelles.

2. La multiplication des réformes constitutionnelles en Afrique de l'Ouest francophone

En mars 2020, au moment où la Constitution de la IIIe République est amendée, Alassane Ouattara, s'adressant au Parlement ivoirien réuni en Congrès, déclare : « *Il est vrai que les révisions constitutionnelles suscitent méfiance et suspicions, car l'histoire récente de notre pays et celle de bien d'autres ont montré qu'elles ont souvent servi de prétexte pour pérenniser un pouvoir ou pour exclure des adversaires politiques du jeu électoral*[12] ». Ce phénomène attire l'attention parce qu'il prend une ampleur considérable en Afrique noire francophone[13], facilité par la conception du pouvoir

---

[12] *Le Point*, 17 mars 2020, https://www.lepoint.fr/afrique/cote-d-ivoire-le-projet-de-revision-constitutionnelle-adopte-17-03-2020-2367597_3826.php Site consulté le 25 mars 2022.

[13] Sur ce point, voir L. Diallo, « Pour un examen minutieux de la question des révisions de la Constitution dans les États africains francophones », in http://afrilex.u-bordeaux4.fr/sites/afrilex/IMG/pdf/

constituant unique qui autorise tout pouvoir constituant à modifier fortement une Constitution, voire à en créer une. Cette théorie produit selon nous des effets politiques dangereux, la personnalisation du pouvoir en particulier, et l'instabilité des États dont les dirigeants défendent cette idée.

Le succès de la doctrine du pouvoir constituant unique

En 2016, Alassane Ouattara envisage de se faire réélire président de la Côte d'Ivoire en 2020, mais la Constitution de la IIe République lui interdit un troisième mandat. Pour éviter de se soumettre à cette règle, il fait adopter un nouveau texte fondamental que le Premier ministre de l'époque, Daniel Kablan Duncan, justifie en ces termes : « *Nous sommes maintenant revenus à une période de stabilité. La réflexion des hommes politiques ivoiriens est de la préserver le plus longtemps possible, et c'est pour cette raison que ce projet de nouvelle Constitution a été rédigé*[14] ». En dépit des contestations, la IIIe République une fois instituée, Alassane Ouattara affirme qu'il peut prétendre à une troisième élection, parce que celle-ci serait la première dans le cadre de la nouvelle Constitution, ou, pour le dire familièrement, parce que les compteurs seraient mis à zéro. Quatre ans plus

---

Site consulté le 19 novembre 2020. Voir également M. Bléou, « La question de l'effectivité de la suprématie de la Constitution. À propos des poches de résistance au contrôle juridictionnel de constitutionnalité des lois en France et dans les États africains de succession française », *in* Dj. Fr. Meledje, *Mélanges dédiés au Doyen Francis V. WODIE*, Toulouse, Presses de l'université de Toulouse-I-Capitole, 2016, pp. 47-55.

[14] *Le Monde*, 6 octobre 2016, https://www.lemonde.fr/afrique/article/2016/10/06/la-nouvelle-constitution-ivoirienne-point-par-point_5009433_3212.html
Site consulté le 24 mars 2022.

tard, en mars 2020, il pense « *nécessaire d'entreprendre quelques adaptations dans la Constitution de la IIIe République, dans le souci d'améliorer cette Constitution et de pérenniser un modèle de fonctionnement de l'exécutif qui a démontré son succès et son efficacité*[15] ». L'opposition a beau contester la proposition de loi, notamment l'amendement qui donne droit au Président de nommer le vice-président, les manigances juridiques d'Alassane Ouattara sont un succès : le projet de révision constitutionnelle est adopté et, au mois d'octobre, le chef de l'État commence un troisième quinquennat, au comble de sa puissance. Au Sénégal, en 2019, Macky Sall parvient à faire modifier la Constitution pour supprimer le poste de Premier ministre et ainsi renforcer le pouvoir présidentiel[16]. Si, en apparence, la réforme modifie seulement le texte constitutionnel, elle transforme aussi le régime parlementaire en régime présidentiel.

Dans l'un et l'autre cas, les révisions constitutionnelles sont justifiées comme « *des corrections nécessaires à apporter à des textes qui sont apparus, à l'usage, imparfaits, incomplets et inadaptés*[17] » aux réalités contemporaines. Mais ces moyens

---

[15] *Le Point*, 17 mars 2020, https://www.lepoint.fr/afrique/cote-d-ivoire-le-projet-de-revision-constitutionnelle-adopte-17-03-2020-2367597_3826.php Site consulté le 25 mars 2022.

[16] *RFI*, https://www.rfi.fr/fr/afrique/20190503-senegal-supprimer-premier-ministre-constitution-modifiee-reforme-etat Site consulté le 24 mars 2022.

[17] J. du Bois de Gaudusson, « Point d'actualité sur les modalités de production du droit constitutionnel dans les États africains francophones », *in Mélanges P. Gélard*, Paris, Montchrestien, 1999, pp. 341-346.

suscitent la polémique[18] : pour Henry Roussillon, « *la multiplication des révisions constitutionnelles souvent interprétée comme une forme d'atteinte à la rigidité constitutionnelle ne constitue en fait qu'une forme d'atteinte à la stabilité constitutionnelle*[19] » ; de même, d'autres constitutionnalistes, tel le Professeur El Hadj Mbodj, ne dissimulent pas leurs réserves[20], bien qu'ils soutiennent fortement les mutations du droit constitutionnel en Afrique. En effet, les réformes que nous venons de citer transforment beaucoup la Constitution, au lieu de la modifier à la marge selon le débat opposant le pouvoir constituant originaire et le pouvoir constituant dérivé[21]. La raison en est que les dirigeants agissent conformément à la conception du pouvoir constituant unique que certains réfutent. Un résumé des positions de la doctrine sur ce sujet est nécessaire pour comprendre la complexité des problèmes juridico-politiques qui ont cours en Afrique noire francophone, et au Mali à plus forte raison.

[18] I. M. Fall, « La révision de la Constitution au Sénégal », *Afrilex*, 2018. Site consulté le 12 avril 2020, p. 2.

[19] H. Roussillon, « Rigidité constitutionnelle et justice constitutionnelle », *in Mélanges Ph. Ardant, Droit et politique, À la croisée des cultures*, Paris, LGDJ, 1999, p. 252.

[20] El Hadj Mbodj, « Le juge : un déterminant du processus électoral en Afrique ? », *in* F. Mélin-Soucramanien (dir.), *Espaces du service public : Mélanges en l'honneur de Jean du Bois de Gaudusson*, Bordeaux, Presses universitaires de Bordeaux, 2014, pp. 417-449.

[21] Voir les analyses avancées par I. Salami, « Le pouvoir constituant dérivé à l'épreuve de la justice constitutionnelle », *Revue togolaise des sciences juridiques*, 2011, p. 5.

Le débat sur le pouvoir constituant

La théorie du pouvoir constituant porte sur le pouvoir fondateur et réformateur de l'État[22]. Pensée par Emmanuel Sieyès[23], en dépit des discussions sur ses origines[24], à la veille de la Révolution française, elle établit le constitutionnalisme moderne[25]. L'essayiste écrit ainsi que, « *dans chaque partie, la Constitution n'est pas l'ouvrage du pouvoir constitué, mais du pouvoir constituant*[26] » : pouvoir constituant et pouvoir constitué sont dès lors distingués. Toutefois, Sieyès ne détermine pas la caractéristique essentielle du pouvoir constituant originaire qui suscite alors des controverses[27]. Pour Olivier Beaud, « *l'opposition entre un pouvoir absolu et un pouvoir non absolu constitue une différence de nature*[28] » ; Georges Vedel, quant à lui, avance la notion de « *pouvoir constituant dérivé*[29] », expression approuvée par la doctrine

---

[22] Voir Cl. Klein, *Théorie et pratique du pouvoir constituant*, Paris, PUF, « Les voies du droit », 1996, p. 3.

[23] *Ibid.*

[24] Voir les analyses avancées par O. Beaud, *La Puissance de l'État*, Paris, PUF, « Léviathan », 1994, p. 316-319.

[25] H. Yamamoto, « Les trois temps pour la liberté du pouvoir constituant », *in* A. Viala, *La Constitution et le Temps*, Lyon, L'Hermès, 2003, p. 13-25.

[26] E. Sieyès, *Qu'est-ce que le tiers état ?*, p. 55.

[27] Voir sur ce point A. Le Pillouer, « Pouvoir constituant originaire et pouvoir constituant dérivé : à propos de l'émergence d'une distinction conceptuelle », in *Revue d'histoire des facultés de droit et de la science juridique*, n° 25-26, 2005-2006, p. 123-141.

[28] O. Beaud, *op. cit.*, p. 315.

[29] G. Vedel, *Manuel élémentaire de droit constitutionnel*, Sirey, 1949, p. 115-116.

publiciste française[30] et qui clarifie les deux variantes du pouvoir constituant : le pouvoir constituant originaire relèverait de la « *politique*[31] », tandis que le pouvoir constituant dérivé serait un pouvoir d'« *habilitation constitutionnelle*[32] ». Remettre en cause cette différence reviendrait à contester « *la fondation sur laquelle est bâti le droit constitutionnel moderne*[33] ». Or, « *réviser la Constitution*[34] » étant un concept indéterminé, « *on est en présence d'un pouvoir qui est bien "constituant", sauf qu'il doit obéir à certaines règles dans le second cas, et non dans le premier*[35] ». Cependant, l'idée même de séparer pouvoir constituant originaire et pouvoir constituant dérivé fait polémique au sein des juristes[36]. La doctrine formaliste du droit constitutionnel est radicale : il n'existe aucune différence de nature entre pouvoir constituant originaire et pouvoir de révision constitutionnelle, étant donné que « *le pouvoir constituant ne se divise pas, même si la source n'est pas unique*[37] ». Quand bien même, certains, comme Georges Vedel, défendent le principe du pouvoir constituant

---

[30] Voir sur ce point É. Ngango Youmbi, « La supra- constitutionnalité. Vue d'Afrique », *in* S. Doumbé-Billé *et alii*, *Regards sur le droit public en Afrique, Mélanges en l'honneur du Doyen Joseph-Marie Bipoun-Woum*, L'Harmattan, « Études africaines », série droit, 2016, p. 139.

[31] A. Viala, « Limitation du pouvoir constituant, la vision du constitutionnaliste », *Civitas Europa*, 2014/1, n° 32, p. 82.

[32] O. Beaud, *op. cit.*, p. 314.

[33] É. Boshab, *Entre la révision de la Constitution et l'inanition de la nation*, Bruxelles, Larcier, 2013, p. 28.

[34] Cette expression a été utilisée par F. Moderne, *Réviser la Constitution. Analyse comparative d'un concept indéterminé*, Paris, Dalloz, 2006, p. 156.

[35] *Ibid.*, p. 33.

[36] A. Le Pillouer, *op. cit.*, p. 123-141.

[37] J.-P. Camby, *op. cit.*, p. 672.

unique[38]. Par conséquent, la transformation du pouvoir de révision en un pouvoir constituant originaire est permise, car les deux pouvoirs constituants sont également compétents pour agir en matière constitutionnelle[39] et parce que, comme l'écrit Georges Vedel encore, « *le pouvoir de révision est l'expression de la souveraineté dans sa plénitude*[40] ». Mais, alors, quelle est la nature du pouvoir de révision ? Il « *se présente en réalité sous les oripeaux du pouvoir constituant originaire*[41] », répondent les tenants du droit constitutionnel matériel, qui soutiennent la dualité du pouvoir constituant, estimant que les pouvoirs constituants originaire et dérivé « *ne sont pas au même étage*[42] », car ils ne peuvent avoir le même régime juridique. Le cas échéant, le pouvoir de révision pourrait anéantir l'œuvre du constituant originaire ; donc, donner au pouvoir de révision les prérogatives d'un pouvoir constituant originaire[43] est selon nous impossible. Du point de vue juridique, révision constitutionnelle et changement de régime politique se distinguent : la révision constitutionnelle s'apparente à une « *microchirurgie sur des dispositions*

---

[38] G. Vedel, « Schengen et Maastricht », in *RFDA*, mars-avril 1992, p. 179.

[39] M. Kamara, « Supra-constitutionnalité et exercice du pouvoir constituant dérivé », in *RRJ*, 2008, n° 3, p. 1443.

[40] G. Vedel, « Schengen… », p. 179.

[41] M. Kamara, *op. cit.*, p. 1444.

[42] M. Bléou, « Le juge constitutionnel et les révisions constitutionnelles », *in* K. Ahadzi-Nonou *et alii*, *Démocratie en questions : Mélanges en l'honneur du professeur Théodore Holo*, Presses de l'université Toulouse-I-Capitole, 2017, p. 235.

[43] J.-Ph. Derosier, *Les Limites constitutionnelles à l'intégration européenne. Étude comparée : Allemagne, France, Italie, LGDJ*, Paris, 2015, p. 87.

constitutionnelles ciblées[44] », non à une chirurgie lourde conduisant à des changements de Constitution et de régimes politiques. Il en va pourtant autrement, comme nous l'avons vu, dans certains États d'Afrique noire francophone, puisque les compétences de l'organe de révision sont tellement étendues qu'elles rejoignent celles du pouvoir constituant originaire[45]. Cela pose le problème dangereux de la possible révision totale de la Constitution par le pouvoir de révision[46].

Le danger de la théorie du pouvoir constituant unique appliquée aux réformes constitutionnelles

La procédure conduisant à l'établissement d'une nouvelle Constitution ne saurait relever, selon nous, de la compétence du pouvoir de révision[47]. De même, nous pensons qu'une loi constitutionnelle n'a pas pour finalité d'élaborer une nouvelle loi fondamentale[48]. De plus en plus, cependant, certaines révisions constitutionnelles se reconnaissent ce droit[49]. Pourtant, comme le souligne Évariste Boshab, « *lorsque l'on procède à la révision d'un moteur, on n'en invente*

---

[44] J. Pascal, « Les illusions constitutionnelles : brèves réflexions sur les révisions constitutionnelles », in Les petites affiches, 27 février 2007, n° 42, p. 4.

[45] Y.-A. Kpedu, « Le Parlement constituant en Afrique francophone : contribution à la limitation du pouvoir de révision constitutionnelle en Afrique », in *RDP*, n° 1, 2016, p. 273.

[46] Sur la distinction entre les révisions partielles et totales dans le cadre du changement de la Constitution par le pouvoir de révision, voir J.-Fr. Aubert, « La révision totale des Constitutions », *L'Esprit des institutions, l'équilibre des pouvoirs : Mélanges en l'honneur de Pierre Pactet*, Paris, Dalloz, 2003, p. 455- 472.

[47] É. Boshab, *op. cit.*, p. 36.

[48] J.-Ph. Derosier, *op. cit.*, p. 87.

[49] Voi M. Kamto, *op. cit.*, p. 17-22.

pas un autre. On adapte l'ancien pour le rendre plus opérationnel»[50] : sinon, il s'agit d'une fraude à la Constitution[51], donc de la substitution d'un ordre juridique à un autre[52]. Par ailleurs, pour Maurice Kamto, quand les révisions constitutionnelles voulues par des chefs d'État conduisent à l'écriture d'une nouvelle Constitution[53], la fonction du pouvoir de révision est dénaturée, car se produit un changement de Constitution sans recours au pouvoir constituant originaire ; de plus, le régime politique peut lui aussi être transformé. Alors, le pouvoir de révision peut se métamorphoser en pouvoir constituant originaire aboutissant à un détournement de procédure, voire à une usurpation de compétence. De surcroît, soutenir que le pouvoir de révision peut se transformer en un pouvoir constituant originaire revient à admettre que toutes les dispositions constitutionnelles, y compris celles dites « *intangibles* » sont révisables[54]. Or, par définition, la révision constitutionnelle ne peut être que partielle[55], sauf à accepter que le pouvoir constituant dérivé dispose de la compétence de sa compétence[56]. Ajoutons que le pouvoir de révision constitutionnelle ne peut légitimement refaçonner la Constitution selon les caprices d'un président de la République[57], justement parce que le constitutionnalisme

---

[50] É. Boshab, *op. cit.*, p. 36.

[51] S.-M. Ouedraogo, *op. cit.*, p. 111-320.

[52] B. Cissé, *op. cit.*, p. 1-12.

[53] M. Kamto, *op. cit.*, p. 17.

[54] M.-Fr. Rigaux, *La Théorie des limites matérielles à l'exercice de la fonction constituante*, Bruxelles, Larcier, 1985, p. 42-94.

[55] É. Boshab, *op. cit.*, p. 35.

[56] O. Beaud, *op. cit.*, p. 201.

[57] S. Bolle, « Les révisions dangereuses. Sur l'insécurité constitutionnelle en Afrique », *op. cit.*, p. 251.

était perçu à l'origine comme une garantie contre l'absolutisme du pouvoir, ainsi que le souligne Cécile Isidoro[58]. La possible révision totale de la Constitution par le pouvoir constituant dérivé présente donc le risque de fragiliser l'État de droit[59] par la violation de la norme fondamentale existante[60] et fait naître une inquiétude quant à la finalité des Constitutions en Afrique noire francophone[61] dès lors qu'elles sont modifiées pour renforcer l'assise d'un dirigeant. Tel est le cas de la réforme constitutionnelle sénégalaise, relative à la suppression du poste de Premier ministre, assurée par le Président Macky Sall ; tel est le cas, aussi, des réformes constitutionnelles qui donnent une apparence de légalité à des pratiques visant, notamment, l'annulation de la clause limitative du mandat présidentiel[62].

Un problème sans solutions ?

La révision constitutionnelle envisagée sous le prisme du pouvoir constituant unique, *a fortiori* si elle n'est pas contrôlée, menace la démocratie et l'État de droit en Afrique noire francophone quand elle modifie les Constitutions au point de les changer et d'instaurer parfois de nouvelles Républiques, voire des dictatures. Afin d'éviter ces problèmes considérables, nous pensons que toute nouvelle Constitution

---

[58] C. Isidoro, *op. cit.*, p. 239.

[59] Dj. Fr. Meledje, *Droit constitutionnel*, « ABC », 2014, p. 149-151.

[60] Voir L. Favoreu, « Légalité et constitutionnalité », *Les Cahiers du Conseil Constitutionnel*, n° 3, 1997, p. 73 ; Dj. Fr. Meledje, « Faire, défaire et refaire la Constitution en Côte d'Ivoire : un exemple d'instabilité chronique », *in* Ch. Fombad, Chr. Murray, *Fostering Constitutionalism in Africa*, PULP, 2010, p. 309-339.

[61] B. Cissé, *op. cit.*, p. 1-12.

[62] Voir Dj. Fr. Meledje, *op. cit.*, p. 309-339.

devrait être rédigée non par le pouvoir de révision constitutionnelle – ou pouvoir constituant dérivé –, mais par une autorité spéciale, le pouvoir constituant originaire, parce que c'est de lui que relève, en principe, le passage d'une République à une autre. Nous proposons aussi un contrôle des lois révisant la Constitution afin que « *l'identité de la Constitution ne soit dénaturée*[63] » par « *une ultramajorité parlementaire* [s'autorisant à] *pratiquement tout faire*[64] », comme c'est le cas au Sénégal, au Mali, en Côte d'Ivoire ou au Tchad[65]. Nous suggérons également la rédaction de clauses éliminant le risque « *de révisions constitutionnelles déconsolidantes*[66] », de cet « *usage inconstitutionnel*[67] » conduisant au changement de la nature des régimes politiques. Enfin, instaurer des critères distinguant le changement de Constitution et les simples réformes constitutionnelles aiderait à renforcer les acquis démocratiques dans les pays d'Afrique noire francophone. Mais c'est à supposer que la démocratie et la bonne gouvernance aient droit de cité.

---

[63] C. Isidoro, *op. cit.*, p. 251.

[64] S. Bolle, *op. cit.*, p. 260.

[65] Voir sur ce point B. Cissé, *Le juge, la doctrine et le contrôle des lois de révision de la Constitution*, préfaces d'Éric Desmons et d'Abdoulaye Soma, L'Harmattan, « Logiques juridiques », 2020, 302 p.

[66] I. M. Fall, *Les Révisions constitutionnelles au Sénégal. Révisions consolidantes et révisions déconsolidantes de la démocratie sénégalaise*, *op. cit.*, 218 p.

[67] Cl. Goyard, « Esprit des institutions et équilibre des pouvoirs », in *L'Esprit des institutions, l'Équilibre des pouvoirs : Mélanges en l'honneur de Pierre Pactet*, Dalloz, 2003, p. 10.

3. La contestation populaire

Comme l'écrit le sociologue Bréma Ély Dicko, « *au Mali, le fossé entre les représentants de l'État et les communautés s'est creusé au fil des ans, en raison de la faible capacité de l'État à promouvoir l'accès aux services sociaux de base (santé, éducation, alimentation, sécurité). Après soixante années d'indépendance, le pays est classé parmi les pays pauvres très endettés (PPTE)*[68] ». Ce décalage finit par prendre la forme d'un désaccord très sérieux entre les dirigeants et les Maliens qui atteint son paroxysme le 5 juin 2020 : bien qu'il ait été élu en 2013 et réélu en 2018, le chef de l'État est fortement mis en cause par nombre de citoyens et de partis politiques qui se regroupent au sein d'une coalition, le Mouvement du 5-Juin – Rassemblement des forces patriotiques du Mali (M5-RFP), qui appelle à sa démission tant son bilan est jugé désastreux, à l'image de celui de ses prédécesseurs.

La mauvaise gouvernance depuis 1960

En soixante ans, les Présidents successifs, civils ou militaires, élus ou non, ont-ils réussi à faire du Mali un État sain ? Dans le domaine de l'éducation, par exemple, le constat du Fonds des Nations unies pour l'enfance (Unicef) est tragique. L'organisation internationale indique que « *plus de la moitié des jeunes âgés de 15 à 24 ans au Mali sont analphabètes. La pauvreté des ménages, le travail d'enfants, le mariage d'enfants, l'insécurité et le manque d'écoles proches du domicile des enfants sont autant de facteurs qui expliquent le*

---

[68] Br. Él. Dicko, « Le Mali entre crises et refondation de sa gouvernance », *Monde Afrique, Hommes et Libertés*, n° 192, décembre 2020.

taux élevé d'abandon scolaire et de non-scolarisation au Mali[69] ». L'Organisation des Nations unies pour l'alimentation et l'agriculture (FAO) estime, quant à elle, que près de deux millions de Maliens se trouveront, entre juin et août 2022, dans une situation d'insécurité alimentaire aiguë[70]. Concernant la sécurité, le Centre du pays voit s'aggraver le conflit entre les Peuls et les Dogons notamment. L'organisation non gouvernementale *Human Rights Watch*[71] rapporte ainsi que les attaques sanglantes de milices ethniques et d'islamistes, entre janvier et novembre 2019, ont causé la mort de plus de 456 personnes. Du point de vue sanitaire, le Mali souffre de « *conditions d'hygiène* […] *précaires, faute d'assainissement adéquat et de gestion inadéquate des déchets solides et liquides. Cette situation favorise la transmission des maladies, dont plusieurs ont un caractère épidémique*[72] ». La vie politique aussi est particulièrement sinistrée. Dans son ouvrage *Mali : une démocratie à refonder*, Ali Cissé dresse une longue liste de tares qui handicapent l'État, la société. Les partis politiques, d'abord, sont

---

[69] Unicef. *Éducation. Nourrir le potentiel de chaque enfant à travers une éducation de qualité.* https://www.unicef.org/mali/%C3%A9ducation Site consulté le 29 octobre 2021.

[70] FAO, https://www.fao.org/3/cb8407fr/cb8407fr.pdf Site consulté le 27 mars 2022.

[71] Human Rights Watch, https://www.hrw.org/fr/report/2020/02/10/combien-de-sang-doit-encore-couler/atrocites-commises-contre-des-civils-dans-le Site consulté le 27 mars 2023.

[72] Organisation mondiale de la Santé (OMS), Rapport annuel, 2018, https://www.afro.who.int/sites/default/files/2019-01/OMS%20MALI%20Rapport%20annuel%202018.pdf Site consulté le 29 mars 2022.

pléthoriques[73] : en 2005, il en comptait cent trois ; aujourd'hui, ils sont cent vingt[74]. Ce nombre très élevé fragilise la démocratie étant donné que les Maliens ont « *perdu en qualité* » ce qu'ils ont « *gagné en quantité*[75] ». Au lieu de proposer des idées pour développer le pays, les politiciens agissent pour leur intérêt : « *Il y a tout simplement des partis et des coalitions de partis qui soutiennent tous le programme du président de la République et s'attendent à être récompensés par un* [...] *portefeuille ministériel*[76] ». Détournée de sa fonction initiale, la politique sert d'instrument à l'élévation sociale ; l'égoïsme des petits chefs nuit au renouvellement des idées et des hommes. Ce problème est d'autant plus lourd qu'il est alimenté par la corruption et le clientélisme, « *ces deux mamelles de la démocratie et de l'État au quotidien*[77] ». Il apparaît en effet que lorsque les citoyens s'expriment, les élections sont souvent marquées par la fraude[78]. Dans ce véritable catalogue des horreurs de la mauvaise gouvernance, il faut également citer le tort fait au budget de l'État, étant donné le coût excessif des frais de fonctionnement des institutions dont le montant a « *été multiplié par plus de 6 points de 1996 à 2003, passant de*

---

[73] A. Cissé, *Mali : une démocratie à refonder*, Paris, L'Harmattan, 2006, p. 47.

[74] *Jeune Afrique*, 4 décembre 2020, https://www.jeuneafrique.com/1085990/politique/mali-qui-sont-les-membres-du-conseil-national-de-transition/ Site consulté le 2 avril 2022.

[75] A. Cissé, *op. cit.*, p. 48.

[76] *Ibid.*

[77] C. Toulabor, avant-propos, S. Wing, *Démocratie malienne et dialogue constitutionnel (1991-2007). La quête d'un État de droit*, Paris, Karthala, 2013, p. 12.

[78] *Ibid.*, p. 114-115.

6 milliards à un peu moins de 39 milliards de francs CFA[79] » ; mais aussi les décisions très insuffisantes pour mettre fin à la pauvreté, qui touche la plupart des Maliens... Il apparaît finalement que les femmes et les hommes politiques actuels, pour l'essentiel, ne sont pas prêts pour une démocratie représentative acceptable, par manque de détermination. Incapables d'équilibrer les pouvoirs, ils se limitent à énoncer des principes, sans parvenir à les appliquer, si bien qu'ils ont perdu la confiance des Maliens. En témoignent les chiffres de la participation lors du scrutin organisé pour l'élection présidentielle de 2018 : seuls 34,54 % des citoyens inscrits ont voté lors du second tour. Ce chiffre très faible pose la question de la légitimité démocratique, d'autant plus que la réalité sociologique freine le développement du pays : nombre de Maliens rejettent encore l'État, tel qu'il est organisé, c'est-à-dire selon un modèle issu de la période coloniale française[80].

Ces quelques exemples de mauvaise gouvernance suffisent à comprendre la déception puis la colère des Maliens à l'égard du bilan d'Ibrahim Boubacar Keïta, à la fois héritier, *volens nolens*, et continuateur de pratiques malhonnêtes et maladroites.

La contestation des élections législatives

Réélu en 2018 après un mandat de cinq ans, IBK n'a pas la partie facile au moment où commence son septennat : Soumaïla Cissé, principal candidat de l'opposition, arrivé au second tour, conteste en justice les résultats de l'élection présidentielle, pourtant jugée fiable par les observateurs

[79] A. Cissé, *op. cit.*, p. 86.
[80] *Ibid.*, p. 38.

internationaux en dépit de problèmes de procédure[81] ; du point de vue de la sécurité, des massacres toujours plus nombreux sont commis dans le Centre du pays ; enfin, des magistrats et des syndicats de travailleurs se mettent en grève afin que leurs salaires, qu'ils n'ont pas touchés depuis des mois, leur soient payés[82]. Or, la mobilisation du personnel de justice empêche la tenue des élections législatives, car le dépôt des candidatures est impossible[83]. Le scrutin est donc reporté d'un mois, contrairement à ce que prévoit la Constitution ; la Cour constitutionnelle, dans sa décision du 12 octobre, proroge la cinquième législature jusqu'à la fin du premier semestre 2019, l'article 85 de la norme fondamentale faisant d'elle « *l'organe régulateur du fonctionnement des institutions et de l'activité des Pouvoirs Publics* ». Puis, à son tour, le gouvernement permet aux parlementaires de siéger jusqu'en mai 2020, donc au-delà du terme fixé par les Conseillers. L'opinion publique manifeste alors son mécontentement, de sorte que le Président IBK organise un « dialogue national inclusif » et, sur la recommandation de ce dernier, fait procéder au renouvellement de l'Assemblée nationale en mars et en avril 2020. Mais, au même moment, le Nord du Mali subit des attaques d'islamistes armés, Soumaïla Cissé est enlevé, et

---

[81] *Le Point*, 16 août 2018, https://www.lepoint.fr/afrique/mali-election-presidentielle-soumaila-cisse-conteste-la-victoire-d-ibk-16-08-2018-2243967_3826.php Site consulté le 29 mars 2022.

[82] *Le Monde*, 22 janvier 2019, https://www.lemonde.fr/afrique/article/2019/01/22/au-mali-un-debut-d-annee-marquee-par-une-grogne-sociale-generalisee_5412936_3212.html Site consulté le 29 mars 2022.

[83] *Le Figaro*, 13 septembre 2018, https://www.lefigaro.fr/flash-actu/2018/09/13/97001-20180913FILWWW00371-mali-les-elections-legislatives-reportees-d-un-mois.php Site consulté le 29 mars 2022.

la pandémie de la Covid-19 touche le pays, déjà fragilisé, nous l'avons dit, par la mauvaise gouvernance et des institutions faibles. Un rien suffit alors à faire imploser l'État. Le maintien des élections législatives et la proclamation des résultats produisent une étincelle aux effets terribles.

Les Maliens contestent la légitimité d'une élection qui s'est déroulée dans des circonstances aucunement sereines et dont la participation n'a été que de 35,33 %. Plusieurs candidats saisissent les Sages pour demander l'annulation des résultats du vote pour des motifs divers, notamment l'interdiction d'accès des assesseurs de certains partis politiques au bureau de vote, l'enlèvement du matériel électoral par des personnes non identifiées, comme dans la circonscription de Gourma Rharous. Ces recours révèlent les dysfonctionnements du système électoral, à la fois corrompu et inadapté. Mais, dans un arrêt du 30 avril portant proclamation des résultats du deuxième tour de l'élection des députés à l'Assemblée nationale, la Cour constitutionnelle déclare irrecevables de nombreuses requêtes déposées par des chefs de village, ces personnes n'ayant ni la qualité de candidats, ni de partis politiques, ni de mandataires de candidats, comme le prescrit la loi organique du 5 mars 2002 relative à la Cour constitutionnelle. De même, elle rejette des requêtes ne comportant ni signature ni date. Toutefois, les magistrats ont beau reconnaître des irrégularités au cours du scrutin – dans plusieurs circonscriptions, le président du bureau de vote a été remplacé de façon illégale, des délégués de certains partis politiques ont été évincés au mépris de la loi –, leur manque d'objectivité est dénoncé. Les partis de l'opposition critiquent les privilèges qu'ils ont accordés aux candidats du parti majoritaire. Leur décision suscite alors un sentiment d'injustice, l'impression d'une trahison irréparable, dans la mesure où elle ne peut pas faire l'objet de recours, comme l'indique l'article 94 de la Constitution. Alors, les citoyens expriment dans la rue leur mécontentement[84], notamment à l'égard de la Cour jugée responsable d'un « *coup d'État électoral* », donc d'avoir failli à sa mission de protéger la Constitution et d'avoir agi au profit du pouvoir présidentiel contre la volonté des électeurs. Tandis que les manifestants en appellent à la dissolution de la Cour constitutionnelle, la crise politique s'accentue à cause de l'élection à la présidence de l'Assemblée nationale de l'un des députés contestés, Moussa Timbiné. Les opposants exigent alors du président de la République la dissolution du Parlement. La crise politique s'accompagne donc d'une crise institutionnelle fragilisant davantage le chef de l'État, dont la politique en matière de sécurité et de bonne gouvernance est jugée pour le moins calamiteuse.

Face à la menace de changement de l'ordre constitutionnel, la Cédéao se pose en médiateur et élabore des recommandations en vue de mettre fin à la crise politique et institutionnelle. Elle propose notamment un gouvernement d'union nationale incluant le M5-RFP, la « *démission immédiate des 31 députés dont l'élection est contestée, y compris le président du Parlement* », et la « *recomposition de la Cour constitutionnelle* », par IBK seul si des désaccords apparaissent. Or, en concrétisant les exigences de la Cédéao, alors que la Cour viole la Constitution de 1992 et le principe de l'indépendance des juges constitutionnels, le Président fragilise davantage la Cour

---

[84] *Jeune Afrique*, 6 mai 2020, https://www.jeuneafrique.com/940564/politique/mali-les-resultats-des-legislatives-contestes-par-la-rue/ Site consulté le 29 mars 2022.

constitutionnelle et l'institution présidentielle, étant donné qu'il contrevient à son serment de respecter et de faire respecter la Constitution, comme le prévoit l'article 37 de la norme fondamentale. Alors, la présidente de la Cour constitutionnelle, Manassa Danioko, dépose un recours auprès de la Cour suprême pour qu'elle annule la décision présidentielle. Au même moment, et suivant la Cédéao, IBK nomme les nouveaux membres de la Cour constitutionnelle. Il échoue toutefois à convaincre les députés contestés de sa majorité d'appliquer les avis de la Cédéao et refuse de dissoudre l'Assemblée nationale. L'inaction du président de la République provoque l'aggravation de la colère du peuple et le durcissement d'une partie du M5-RFP, sous l'autorité morale de l'imam Mahamoud Dicko.

La question de la démission du président de la République

À partir du 5 juin 2020, nombre de citoyens se regroupent, avec certains partis politiques, au sein du M5-RFP et appellent à la démission du président de la République au motif qu'il n'est plus capable de diriger le Mali dans la crise qu'il affronte. Mais si cette réclamation est légitime du point de vue politique, juridiquement, elle est impossible. Elle illustre ce débat ancien entre les partisans de la légalité constitutionnelle et les tenants de la légitimité démocratique : le président de la République peut-il abandonner son siège si une partie du peuple et de ses opposants politiques réclame son départ ? Sur ce point, la Constitution de la IIIe République est claire : aucune disposition ne prévoit la démission du chef de l'État, ce dernier étant irresponsable politiquement devant le peuple.

Les plus acharnés des opposants essaient de trouver la moindre faille dans le texte de 1992 pour qu'IBK quitte le palais de Koulouba. Effectivement, dans trois cas, un autre que le chef de l'État est censé exercer les fonctions de Président. Ainsi, d'après l'article 36, « *lorsque le président de la République est empêché de façon temporaire de remplir ses fonctions, ses pouvoirs sont provisoirement exercés par le Premier ministre* » ; de même, « *en cas de vacance de la Présidence pour quelque cause que ce soit ou d'empêchement absolu ou définitif constaté par la Cour constitutionnelle saisie par le président de l'Assemblée nationale et le Premier ministre, les fonctions du président de la République sont exercées par le président de l'Assemblée nationale* ». Mais ce texte ne correspond pas aux circonstances. Finalement, seul l'article 95, qui traite de la destitution en cours de mandat, peut susciter un espoir : « *La Haute Cour de justice est compétente pour juger le président de la République et les ministres mis en accusation devant elle par l'Assemblée nationale pour haute trahison ou à raison des faits qualifiés de crimes ou délits commis dans l'exercice de leurs fonctions ainsi que leurs complices en cas de complot contre la sûreté de l'État. La mise en accusation est votée par scrutin public à la majorité des 2/3 des députés composant l'Assemblée nationale. La Haute Cour de justice est liée par la définition des crimes et délits et par la détermination des peines résultant des lois pénales en vigueur à l'époque des faits compris dans la poursuite* ». Malheureusement pour les contestataires, entre juin et août 2020, la procédure de destitution du président de la République n'étant demandée par personne, elle n'est pas engagée – mais les revendications du M5-RFP auraient pu la motiver. En définitive, le président de la République doit aller jusqu'au bout de son mandat au nom de la légalité constitutionnelle, en dépit des violences sanglantes dans les rues.

La contestation est dans l'impasse. Les termes de la Constitution empêchant les opposants d'IBK de réaliser leurs vœux de changements, il faut trouver un expédient. Les militaires en trouvent un auquel ils recourent le 18 août 2020.

II.

L'action inconstitutionnelle de l'armée au pouvoir

Il ne suffit pas de s'installer dans le siège du Président, encore faut-il y rester. Comme dans toutes les dictatures militaires, les putschistes menés par Assimi Goïta refusent de nommer « coup d'État » leur initiative qui renverse le Président en place, aussi travestissent-ils la réalité. Pour se maintenir, ils adoptent des textes juridiques décrivant une organisation étatique qu'ils dominent et qu'ils imposent aux civils : ces deniers sont alors écartés de la vie politique. La moindre opposition est balayée d'un revers de la main grâce à des procédés juridiquement contestables, mais très efficaces.

1. Une prise de pouvoir illégale

Le 18 août 2020, l'armée prend le pouvoir. Le lendemain, le chef des putschistes, Assimi Goïta, déclare : « *Le Mali se trouve dans une situation de crise sociopolitique, sécuritaire. Nous n'avons plus le droit à l'erreur. Nous, en faisant cette intervention hier, nous avons mis le pays au-dessus, le Mali d'abord.* » Aussitôt, la Cédéao condamne les agissements du nouvel homme fort du pays et fait fermer les frontières de ceux de ses États membres qui sont voisins du Mali. Aucune des sanctions ne décourage le Conseil national pour le salut du peuple : il maintient que son action est conforme à la Constitution et cherche à légitimer son installation à la tête de l'État au moyen d'une Charte à valeur constitutionnelle, bien qu'elle soit imposée au peuple.

L'accession au pouvoir : le coup d'État du 18 août 2020

Le lendemain de l'installation des militaires au palais de Koulouba, la Cédéao, l'ONU et la France dénoncent un « *coup d'État* ». Pourtant, la prise de pouvoir du colonel Goïta, parce qu'elle porte certaines revendications du M5-RFP, est approuvée par les Maliens. Elle permet aussi le départ d'IBK, dont la présidence symbolisait l'incompétence de la classe politique, incapable de résoudre les problèmes du pays : élu en 2013 pour endiguer une crise multidimensionnelle, le chef de l'État avait raté son rendez-vous avec les citoyens, qui attendaient beaucoup de lui. Mais le soutien populaire ne suffit pas au CNSP, qui cherche à se légitimer en présentant comme constitutionnel le retrait d'IBK, car, malgré l'apparence légale d'une démission volontaire, un coup d'État a bel et bien eu lieu. En effet, après avoir été arrêté par des officiers de l'armée et conduit au camp de Kati, le président de la République déclare le 19 août, à la télévision : « *Je voudrais* [...] *vous dire ma décision de quitter mes fonctions et toutes mes fonctions à partir de ce moment.* » Manifestement, ce retrait du pouvoir s'apparente à une démission – acte que la Constitution de la IIIe République ne prévoit pas, comme nous l'avons démontré –, mais réalisée sous la menace de l'armée, puisque le chef de l'exécutif n'est plus libre de ses faits et gestes. En admettant que ce renoncement soit valable du point de vue du droit, la vacance du pouvoir, organisée par l'article 36, aurait dû être constatée et le président de l'Assemblée nationale aurait dû exercer les fonctions de président de la République. Cependant, dans le même discours, avant d'abandonner sa charge, IBK dissout l'Assemblée nationale, décision qui met fin aux fonctions de son Président et rend donc impossible l'intérim de la présidence de la République. La paralysie des institutions est dès lors définitive. Il est évident que la démission d'IBK, « *assistée* » – à tout le moins ! – par le CNSP, n'est qu'un artifice juridique et qu'elle permet un coup d'État dissimulé sous le maquillage de la légalité constitutionnelle. L'armée peut ainsi rester à la tête du Mali.

L'installation de l'armée à la tête du Mali

Le 24 août, le CNSP édicte un Acte fondamental[85] à valeur constitutionnelle. Dans son préambule, le texte est présenté comme provisoire, ce qui laisse envisager l'adoption future d'une charte définitive de transition, et il s'affirme, dans son septième titre, comme supérieur à la Constitution : « *Les dispositions de la Constitution du 25 février 1992 s'appliquent tant qu'elles ne sont pas contraires ou incompatibles avec celles du présent Acte.* » Ces mesures font douter de la moralité du CNSP, tant elles sont illogiques, c'est-à-dire contraires à ses déclarations et au raisonnement qu'il a suivi jusqu'alors en prétendant se conformer à la norme suprême organisant la IIIe République : si les putschistes estimaient

85 https://www.droit-afrique.com/uploads/Mali-Acte-2020-01-fondamental.pdf. Le document est publié en annexe.

que la démission du président de la République était conforme à la lettre et à l'esprit de la Constitution de 1992, ils n'avaient aucune raison, ensuite, de créer un Acte fondamental, la Constitution étant suffisante pour diriger le Mali. Par ailleurs, le CNSP était-il légitime pour élaborer ce texte, sorte de petite Constitution provisoire ? Et, si oui, était-il conforme à la Constitution ? Les articles 41 et 118 du texte de 1992 sont clairs : toute modification touchant au fonctionnement des institutions doit être conforme à la Constitution et soumise au peuple. Quant à la révision constitutionnelle, seuls le Président et les députés en ont l'initiative, et elle doit être approuvée par référendum. L'Acte fondamental échappant à ces règles, on ne peut que conclure à l'usurpation du pouvoir constituant fondateur de la Constitution par le CNSP : à partir du 24 août, ses membres se donnent ainsi les moyens d'organiser l'État selon leur bon vouloir.

La nature de la Charte de la Transition

C'est chose faite lorsque la Charte de la Transition est adoptée le 12 septembre[86]. Comme l'indique le premier alinéa du préambule, ce texte est le produit d'un compromis de plusieurs parties : des « *Forces Vives de la Nation représentées au sein du Comité National pour le Salut du Peuple (CNSP), du Mouvement du 5 juin-Rassemblement des Forces Patriotiques du Mali (M5-RFP), des Partis et Regroupements Politiques, des Organisations de la Société Civile de l'intérieur et des Maliens établis à l'extérieur, des Mouvements signataires de l'Accord pour la paix et la*

[86] https://sgg-mali.ml/JO/2020/mali-jo-2020-17-sp.pdf. Le document est publié en annexe.

réconciliation au Mali issu du processus d'Alger et des Mouvements de l'inclusivité». Le document semble se rapprocher d'un pacte extra-constitutionnel de sortie de crise procédant de la contractualisation. Parce qu'il se réfère au Protocole du 21 décembre 2001 de la Cédéao sur la démocratie et la bonne gouvernance, il semble aussi respectueux des principes d'un État de droit. Il n'en est rien cependant : une lecture attentive du texte révèle des contradictions importantes avec les engagements que les officiers ont pris et de graves atteintes constitutionnelles qui ne laissent pas de doutes quant aux objectifs recherchés par les putschistes. Il faut donc analyser la nature juridique de la Charte pour mettre en évidence les confusions qu'elle engendre sur les rapports entre les organes de la Transition.

En effet, la nature de la Charte est des plus douteuse. D'une part, le dernier alinéa de son préambule, en précisant qu'il complète la Constitution, donne à ce document une force constitutionnelle, mais, alors, le problème de sa valeur par rapport à la Constitution se pose. En effet, la Charte comporte des dispositions matériellement constitutionnelles mais l'emportant sur la norme fondamentale. Elle serait donc une « supra-paraconstitution », ou une Constitution juxtaposée à celle de 1992 tout en étant supérieure à elle. De surcroît, résultant d'un accord sociopolitique et militaire, elle n'est pas le produit de la volonté du pouvoir constituant populaire ou l'œuvre d'une Assemblée constituante élue démocratiquement. Dès lors, elle ne peut être assimilée à une Constitution adoptée par le peuple ou ses représentants légitimement choisis dans le cadre d'une délégation du pouvoir constituant fondateur. Si ce texte est bien un instrument juridique visant à conduire et à encadrer la période transitoire avant le retour à la vie constitutionnelle normale et démocratique, sa dimension constitutionnelle n'en fait pas une « Constitution transitionnelle », car lui manque surtout l'approbation populaire : son mode d'adoption, par acclamation, est tout fait contestable, car le référendum est, d'après la norme fondamentale, le seul moyen de modifier la Constitution. D'autre part, des membres du M5-RFP, qui a pris part à la rédaction du document, affirment que la junte a modifié certains passages sans leur accord, de sorte que la Charte « *ne reflète pas les points de vue et les décisions du peuple malien* » ; ils dénoncent donc les « *intimidations, les pratiques antidémocratiques et déloyales dignes d'une autre époque contre lesquelles la lutte pour le changement et la refondation a été enclenchée*[87] ». La Charte peut toutefois être vue comme une « paraconstitution » complétant la Constitution, mais sa place, alors, est au second plan. Elle peut aussi apparaître comme une « petite Constitution de crise », étant donné qu'elle rompt temporairement l'ordre constitutionnel ancien et qu'elle précise, dans son titre II, les principaux pouvoirs publics : le président de la Transition, qui remplit les fonctions de chef de l'État (chapitre I) ; le gouvernement de Transition (chapitre II) ; le Conseil national de Transition, exerçant les prérogatives du Parlement de la Transition (chapitre III). Mais, d'autre part, dans la mesure où elle organise, à titre provisoire, les rapports entre les pouvoirs publics et les institutions, sur le fondement d'un texte *a priori* consensuel, elle correspond à un « ordre constitutionnel transitionnel » formalisé. Enfin, si l'article 2, relatif aux missions de la

---

[87] RFI, 12 septembre 2020, https://www.rfi.fr/fr/afrique/20200912-concertations-mali-adoption-d-une-charte-une-transition-18-mois Site consulté le 2 avril 2022.

Transition, mentionne « *le lancement du chantier des réformes politiques et institutionnelles* », aucune disposition du texte n'envisage la création d'une commission qui réfléchirait au rétablissement de la Constitution, à sa révision, ou à l'établissement d'une nouvelle Constitution.

Finalement, la Charte est confuse à bien des égards, notamment parce qu'elle entend compléter une Constitution qu'elle estime insuffisante, mais que, étrangement, elle n'indique pas vouloir réécrire, bien qu'elle la modifie profondément. La coexistence de ce texte et de la Constitution de la IIIe République entraîne des problèmes juridiques et politiques qui profitent à l'armée. Si son arrivée à la tête du pays avait suscité des espoirs, moins d'un mois plus tard, une partie des Maliens qui l'ont soutenue sont déçus et comprennent qu'elle fait le nécessaire pour les écarter du pouvoir et pour s'approprier l'État.

2. La domination de l'armée sur les institutions étatiques

Le 21 septembre, le CNSP désigne un Président, le colonel Bah N'Daw, et un vice-président, le colonel Goïta ; à leurs côtés, un civil est choisi comme Premier ministre : Moctar Ouane. Ces trois hommes, qui doivent gouverner le pays pendant dix-huit mois, occupent des postes distincts, qui semblent à la fois confirmer le respect des institutions républicaines que les Constitutions maliennes ont toujours défendues, et assurer un régime de bonne gouvernance. Mais, une fois de plus, les militaires qui ont déchu Ibrahim Boubacar Keïta leurrent les citoyens : la Charte donne tellement de pouvoir au vice-président qu'on peut se demander s'il n'est pas le seul à véritablement conduire la destinée du Mali, et s'il n'est pas le premier dans ce triumvirat, inédit dans l'histoire du pays. En effet, si l'on se fonde sur la lettre de la Constitution de la IIIe République, le pouvoir exécutif est bicéphale : il est partagé entre le président de la République et le Premier ministre. Cependant, la charte de la Transition remet en cause cette distribution en créant un poste de vice-président chargé de travailler avec les deux autres plus hauts personnages de l'État. En apparence, les compétences entre ces trois autorités sont également réparties. Mais, en réalité, la Charte prévoit l'inégale répartition des pouvoirs au sein de l'exécutif et n'indique pas clairement qui, du président de la Transition, du vice-président, ou du Premier ministre, définit la politique de la nation. En définitive, la Charte, de laquelle le M5-RFP attendait tant, a beaucoup déçu, car non seulement les civils sont écartés de la présidence du Mali, mais l'armée s'est aussi réservé les postes clefs.

La vice-présidence du colonel Assimi Goïta, « clef de voûte » des organes de la Transition

Après une carrière dans l'armée de l'air, qu'il a quittée avec le grade de colonel major, et un bref passage à la tête du ministère de la Défense[88], Bah N'Daw est investi président de la Transition le 25 septembre 2020. Le même jour, Assimi Goïta, colonel de l'armée, commandant des Forces spéciales, et président du CNSP, prend ses nouvelles fonctions de vice-président de la Transition. Le Mali n'ayant jamais connu une telle hiérarchisation à sa tête, qui plus est

[88] *Jeune Afrique*, 24 septembre 2020, https://www.jeuneafrique.com/1048748/politique/mali-qui-est-bah-ndaw-lancien-militaire-propulse-a-la-tete-de-la-transition/ Site consulté le 2 avril 2022.

en période de crise constitutionnelle, il est intéressant d'exposer quelles attributions et quelles prérogatives sont données à chacun des deux officiers qui détiennent le pouvoir exécutif.

En suivant la logique des putschistes, les compétences du président de la Transition sont décrites dans le titre III de la Constitution de 1992, puisqu'elle est toujours officiellement en vigueur, et précisées par la Charte, mais, dans ce texte, de quelle façon succincte ! En effet, l'article 4 indique que « *le président de la Transition remplit les fonctions de chef de l'État* », qu'il « *veille au respect de la Constitution* » et qu'un vice-président le seconde (article 6). Le serment qu'il prête, exposé dans l'article 10, n'énumère pas mieux ses missions : le Président est chargé de « *préserver en toute fidélité le régime républicain, de respecter et de faire respecter la Constitution, la Charte de la Transition et la Loi, de remplir* [ses] *fonctions dans l'intérêt supérieur du peuple, de préserver les acquis démocratiques, de garantir l'unité nationale, l'indépendance de la patrie et l'intégrité du territoire national* » et de réaliser « *l'unité africaine* ». Mais pourquoi les pouvoirs du Président sont-ils si peu détaillés ? Parce que l'article 6 de la Charte fait du vice-président le véritable détenteur du pouvoir suprême, puisqu'il « *est chargé des questions de défense, de sécurité et de la refondation de l'État* » – expression vague, pour le moins, donc tout à fait pratique pour s'arroger telle ou telle prérogative –, et c'est lui qui « *remplace le Président en cas d'empêchement temporaire ou définitif* » (article 7). Dans un pays où, historiquement, l'armée tient un rôle politique éminent, à l'origine de coups d'État nombreux, la fonction de vice-président exercée par Assimi Goïta apparaît donc nettement supérieure à celle de Président, qui est à sa merci. Rappelons en effet que c'est le CNT, dirigé par Assimi Goïta et dont la composition dépend de lui, qui l'a nommé à ce poste, conformément à l'article de la Charte : « [le président de la Transition] *est choisi par un collège de désignation mis en place par le Comité national pour le Salut du Peuple* ». La domination de la junte sur les institutions n'est alors plus à démontrer : le vice-président est bien la clef de voûte de la Transition. En effet, la Présidence est réduite, tant par la Charte que par la pratique des pouvoirs constitutionnels, à une institution secondaire, à une première magistrature morale. Le contreseing du Président n'est ainsi pas nécessaire au vice-président qui peut alors agir seul – l'accord du Premier ministre, et des ministres *a fortiori*, demeurant lui aussi superfétatoire. L'instauration implicite de ce régime « vice-présidentialiste » assigne plus que le président de la Transition à « inaugurer les chrysanthèmes » : au Premier ministre aussi est confiée cette tâche.

La marche militaire d'un Premier ministre civil

Le chef du gouvernement n'est lui aussi qu'un simple figurant dans ce système prétendument « *civilo-militaire* ». Ainsi le prouve le silence de la Charte quant à ses prérogatives, celle-ci renvoyant aux articles 53 et 55 de la norme fondamentale organisant la IIIe République : « *Le Gouvernement de la Transition est dirigé par un Premier ministre nommé par le Président de la Transition. Il exerce les prérogatives définies par la présente Charte et la Constitution du 25 février 1992.* » Cependant, ce renvoi ne fait que rendre confuses les attributions du Premier ministre, car ses pouvoirs et ceux du vice-président de la Transition se chevauchent. En effet, selon l'article 53 de la Constitution, « *le gouvernement détermine et conduit la politique de la*

Nation et dispose de l'Administration et de la force armée ». Or, comme nous l'avons montré, le vice-président est chargé de questions très proches, sinon similaires ou strictement les mêmes d'après l'article 6 de la Charte selon lequel il s'occupe de la « *refondation de l'État* ». On peut alors se demander, puisque la Constitution est supplantée par la Charte (article 22), si le Premier ministre de la Transition est utile, d'autant plus que la Charte ne définit pas clairement ses prérogatives. Il a beau diriger et coordonner l'action gouvernementale, aux termes de l'article 55 de la Constitution, en pratique, sa fonction se limite à exécuter les décisions du vice-président. Par conséquent, les concepteurs de la Charte ont conservé ce poste sans intérêt pour l'État afin de donner du crédit à un régime contesté par le M5-RFP, une partie des Maliens et la Cédéao : la séparation des pouvoirs donne une apparence républicaine à un régime qui se présente comme le porte-parole du peuple ; le poste de Premier ministre passe donc pour un contre-pouvoir tendant à atténuer l'emprise très forte du vice-président.

Au sujet du gouvernement, les conditions pour être Premier ministre et ministre sont floues elles aussi. Le chapitre II de la Charte ne compte que deux articles, brefs de surcroît : si l'article 12 indique que le Premier ministre est nommé par le Président, il n'explique pas qui nomme les ministres ; quant à l'article 13, il se limite à énumérer les conditions que ces derniers doivent remplir. Mais que la démocratie ne s'inquiète pas : dans un entretien accordé le 3 décembre 2020 à RFI, Moctar Ouane, Premier ministre du Mali à partir du 28 septembre, se veut rassurant quant à la possible mainmise de l'armée sur les institutions du pays : « *Les rôles sont bien répartis, chacun joue sa partition. Nous avons tous à cœur de nous hisser à la hauteur de la mission qui nous a été confiée.* […] *Il n'y a pas de difficulté particulière à signaler*[89]. » Pourtant, le chef du gouvernement est le seul civil de cet orchestre exceptionnel qui compte deux colonels, Bah N'Daw et Assimi Goïta. Il peut donc bien jouer « *sa partition* », le peuple entend surtout le son de la fanfare et du tambour, musique devenue assourdissante depuis qu'elle a couvert les violons de la démocratie : le Mali ne cesse de vivre au rythme accéléré des marches militaires qui tiennent de la virtuosité, tant les coups d'État se succèdent avec une éclatante *maestria*. Monsieur Ouane ne semble même plus s'en rendre compte, lui qui prétend honorer une mission à lui donnée, alors qu'aucun Malien n'a voté pour les dirigeants en place. Il allait changer d'avis quatre mois plus tard, une fois que le colonel Goïta le relèverait de ses fonctions, sans raison valable. Pour l'heure, avec d'autres civils, il est en partie responsable du poids considérable de l'armée. Il profite des divisions du peuple, incapable de se fédérer, nous l'avons vu, dans un grand mouvement politique aux idées novatrices. Pourquoi donc Moctar Ouane est-il resté si près des colonels ? Pour apprécier davantage le kaki de leur uniforme ? Pour jouir au mieux des marches militaires, des cuivres de la fanfare ou des chœurs de l'armée malienne ? Les civils les plus cupides que le pouvoir attire cèdent à la connivence et à la complicité avec les militaires.

Le Conseil national de Transition

Les articles 13 à 16 de la Charte présentent le Conseil national de Transition (CNT) comme l'organe législatif de la

---

[89] RFI, 4 décembre 2020, https://www.rfi.fr/fr/podcasts/invit%C3%A9-afrique/20201204-moctar-ouane-premier-ministre-malien-chacun-joue-sa-partition-au-gouvernement Site consulté le 2 avril 2022.

Transition. Il est composé de cent vingt et un « *membres répartis entre les Forces de Défense et de Sécurité, les représentants du Mouvement du 5 juin-Rassemblement des Forces Patriotiques du Mali (M5-RFP), les Partis et Regroupements politiques, les Organisations de la société civile, les centrales syndicales, les syndicats libres et autonomes, les organisations de défense des Droits de l'Homme, les Ordres professionnels, les Maliens établis à l'extérieur, les Mouvements signataires de l'Accord pour la paix et la réconciliation au Mali issu du processus d'Alger, les Mouvements de l'inclusivité, les groupements de femmes et de jeunes, les personnes vivant avec un handicap, les confessions religieuses, les autorités traditionnelles, les chambres consulaires, les faîtières de la presse, des Arts de la Culture* ». Les membres de cette institution, dont les noms ont été connus le 3 décembre 2020, semblent représenter toute la société malienne. Pourtant, eux aussi sont sous l'emprise de l'armée non seulement parce que c'est le vice-président qui les a désignés à partir d'une liste de vingt-deux noms, mais aussi parce que, à leur tête, un autre colonel, Malick Diaw, a été élu le 5 décembre. Les contestations des Maliens n'ont rien changé. Cette situation témoigne une fois encore des dérives antidémocratiques de la junte, qui poursuit la politique de tous les militaires arrivés au pouvoir par la force : laisser les officiers conduire les destinées du Mali. Pour eux, la citoyenneté n'est rien, le citoyen ne compte pas, sa voix est inutile, bien qu'il soit toutefois autorisé à s'exprimer dans l'un des innombrables partis politiques dont la taille est si petite et la représentativité si négligeable qu'elle les rend finalement inoffensifs.

Le peuple, *persona non grata* de la Transition

Le 5 décembre 2020, il a beau revêtir une tenue de civil et déclarer, comme président fraîchement élu du CNT, qu'il veut « *offrir un nouveau Mali*[90] », Malick Diaw reste officier de l'armée malienne, membre de la junte dirigeant tous les organes du pays, apparatchik d'un système quasi permanent depuis l'indépendance : la dictature militaire. Comment donc le peuple peut-il le croire ? Quelle confiance lui accorder alors que l'armée s'est réservé vingt-deux sièges dans ce Parlement d'opérette ou de godillots, dont celui de président ? Car la candidature de Malick Diaw n'a vu aucune opposition, transformant ainsi le suffrage en plébiscite : 111 voix contre 7 bulletins nuls ! Cette nouvelle mascarade confirme une fois encore que l'armée a confisqué aux citoyens le droit de s'exprimer.

Cependant, dans une démocratie, le souverain est le peuple ; et, en matière constitutionnelle, il ne devrait pas être une abstraction que l'on néglige, mais une réalité que l'on respecte. Or, depuis qu'elle a pris la direction de l'État de transition, la junte bafoue la représentativité populaire. Pourtant, le nom – Conseil national pour le salut du peuple – et les projets[91] de l'organisation de laquelle elle était une émanation laissaient penser le contraire. La réalité est tout autre : les citoyens n'ont pas eu leur mot à dire quant à la destinée de leur propre pays. Situation intolérable et inique ! Rappelons que, sur le plan du droit constitutionnel, le

---

[90] *Jeune Afrique*, 5 décembre 2020, https://www.rfi.fr/fr/afrique/20201205-mali-le-colonel-malick-diaw-%C3%A9lu-%C3%A0-la-t%C3%AAte-du-conseil-national-de-transition Site consulté le 2 avril 2022.

[91] Voir le préambule de l'Acte fondamental du 24 août 2020.

peuple étant le véritable titulaire de la souveraineté de l'État, il détient le pouvoir constituant. Par conséquent, le raisonnement juridique qui sert d'assise à la dictature militaire est particulièrement incohérent, car, si la Constitution malienne de 1992 n'est pas suspendue, comme l'avancent les putschistes, il est illégal et illégitime de la remplacer par une charte sans que les représentants élus du peuple n'aient été consultés. En effet, d'après la Constitution, la souveraineté nationale ne peut être exercée que par la voie référendaire ou par la voie de la représentation populaire. Pourtant, la junte lui a subtilisé ce droit quand elle a mis en place sa Charte. Jamais, en effet, les Maliens n'ont donné leur assentiment à ce texte – alors qu'il modifie la Constitution en profondeur – à la rédaction duquel ils n'ont pas participé. Quelques membres du M5-RFP ont bien servi de caution morale, mais leur représentativité est nulle, car leur désignation pour l'élaboration de ce document inique et juridiquement absurde ne procède pas, là non plus, d'une volonté populaire émanant des urnes. La conception de la souveraineté telle que les officiers s'en font révèle donc à tout le moins leur morgue et la mésestime dans laquelle ils tiennent le peuple. Mais s'ils le méprisent, ils le craignent aussi.

La légitimation d'un régime militaire constitutionnalisé

L'article 20 de la Charte dispose que les « *membres du Comité National pour le Salut du Peuple et tous les acteurs ayant participé aux événements du 18 août 2020 à l'investiture du président de Transition bénéficient de l'immunité juridictionnelle. À ce titre, ils ne peuvent être poursuivis ou arrêtés pour des actes posés lors desdits événements. Une loi d'amnistie sera adoptée à cet effet*». Ce texte incite à penser que la junte cherche à légitimer son putsch et les coups qu'elle a portés à la Constitution par peur des représailles, à plus ou moins long terme. Il prouve donc que l'omniprésence des militaires dans les organes de la Transition est contestée. Mais, plus encore, nous pensons que l'instauration, dans cette Charte à valeur constitutionnelle, d'une immunité juridictionnelle pour les putschistes s'apparente à la constitutionnalisation de la politisation de l'armée, sinon du régime militaire : inquiets de devoir un jour être conduits devant les tribunaux, comme la plupart de leurs prédécesseurs, les colonels au pouvoir durcissent la dictature. Le système ainsi créé se présente comme un « despotisme militaire éclairé » qui se veut seul capable de résoudre la crise qui touche le Mali. Mais la présence des militaires ne peut que nuire au processus transitionnel. Il suffit de prendre pour exemple le Tchad : dirigé par le maréchal Déby de 1991 à sa mort, en avril 2021, il est désormais sous la coupe de son fils, officier de l'armée. Malgré les promesses d'élection, ce dernier reste à la tête d'un Conseil militaire de Transition qui détient l'essentiel des pouvoirs.

3. Les manipulations juridiques de la junte

Nous l'avons expliqué, les militaires factieux ont pris le pouvoir au mépris de la Constitution, mais en usant de procédés rendant *a priori* acceptable du point de vue du droit leur installation au palais de Koulouba. Leur habileté en matière juridique a toutefois trouvé ses limites, à tel point qu'ils ont eux-mêmes rendu plus illégitime encore leur régime, et ce dès leurs premiers jours à la tête du Mali. Ces erreurs ne fragilisent pourtant en rien leur action, soutenue par des manipulations juridiques nombreuses.

L'investiture illégale du président de la Transition

Le décret n° 2020-0072/PT-RM, promulgué le 1er octobre 2020 et publié dans le *Journal officiel*, aurait dû ainsi garantir, au moins en apparence, la viabilité juridique de leur pouvoir institué par la Charte de la Transition, datant du 12 septembre. Cependant, le gouvernement des militaires a fait preuve d'un amateurisme invraisemblable, car la publication du texte est intervenue six jours après que le président et le vice-président de la Transition ont prêté serment, de sorte que, en matière de droit, l'investiture du chef de l'État et de son « second » ne pouvait être entérinée, ni, par conséquent, la nomination du Premier ministre.

Une révision de la Charte contraire à la loi

Ensuite, la Charte a été révisée[92] quelques jours après avoir été adoptée, contrairement à la procédure prévue à l'article 18 puisque les membres du CNT ne se sont pas prononcés pour son adoption… sans doute parce que, à l'époque, ils n'étaient toujours pas désignés ! Les changements les plus importants concernent les missions de la Transition, qui étaient résumées en cinq points dans l'article 2 de la première version : « *le renforcement de la sécurité sur l'ensemble du territoire ; la promotion de la bonne gouvernance ; l'adoption d'un pacte de stabilité sociale ; le lancement du chantier des réformes politiques et institutionnelles ; l'organisation des élections générales* ». Dans le

[92] Voir, en annexe, la première version de la Charte.

texte du 1er octobre, le régime s'impose des objectifs plus nombreux : « *le rétablissement et le renforcement de la sécurité sur l'ensemble du territoire national ; le redressement de l'État et la création des conditions de base pour sa refondation ; la promotion de la bonne gouvernance ; la refonte du système éducatif ; l'adoption d'un pacte de stabilité sociale ; le lancement du chantier des réformes politiques, institutionnelles, électorales et administratives ; l'organisation des élections générales ; la mise en œuvre de l'Accord pour la Paix et la Réconciliation au Mali, issu du processus d'Alger* ». Souligner ces modifications est intéressant pour montrer, certes, que la junte a cherché à durcir son emprise dès le début de la dictature, mais, surtout, pour montrer que celles-ci ont eu lieu en dehors de tout cadre légal et donc que, en droit, les institutions se paralysent elles-mêmes. C'est un comble, étant donné que Bah N'Daw et Assimi Goïta, conformément à l'article 10, ont juré « *devant Dieu et le peuple malien de préserver en toute fidélité le régime républicain, de respecter et de faire respecter la Constitution, la charte de la Transition et la Loi* ». Alors sur qui le peuple malien peut-il compter ? Sur un Président, un vice-président et un Premier ministre à la légitimité nulle ? Certainement pas sur la Cour constitutionnelle, qui s'est montrée pour le moins passive, comme nous le montrerons plus loin.

Un nouveau sophisme constitutionnel

Le 11 février 2021, le colonel major Ismaël Wagué, ministre de la Réconciliation nationale, annonce l'élaboration d'un avant-projet de Constitution pour le mois de juin. Cette décision découlant des accords d'Alger est communiquée alors que se tient, à Kidal, une réunion du comité suivant les avancées du compromis signé en 2015. Mais, d'emblée, se pose le problème de la légitimité d'une telle résolution prise par un régime de colonels qui a fomenté un coup d'État et suspendu la Constitution de la IIIe République, puis l'a remplacée par une Charte dite de « Transition » – en réalité une paraconstitution – à laquelle les citoyens n'ont pas eu à donner leur avis. En effet, puisque le pouvoir constituant originaire est l'organe chargé d'écrire une Constitution, qui le détient de droit ? Comment désigner ceux qui devront l'exercer ? Quelle sera leur légitimité ? Ces questions, simples en apparence, posent des problèmes qu'il faut exposer et, nous allons le voir, révèlent un nouveau sophisme constitutionnel de la junte. Pour cela, il faut rappeler qu'une Constitution est adoptée soit par une Assemblée constituante au nom du peuple souverain, soit après que ce dernier s'est prononcé par référendum sur le projet que ses représentants lui ont proposé. Toutefois, rien n'indique comment choisir ces derniers lorsqu'il s'agit de rédiger la première Constitution d'un État, ou lorsqu'une révolution ou un coup d'État ont eu lieu. Or, au vu des mesures prises par les militaires au pouvoir, il est tout à fait vraisemblable que l'armée fasse du CNT une Assemblée constituante, chargée à la fois de préparer la nouvelle Constitution et de l'approuver sans la tenue d'un référendum. Mais le Parlement de Transition peut-il adopter légitimement une nouvelle Constitution ? Pour nous, deux arguments s'opposent à cette hypothèse et au raisonnement vicié de la junte : d'abord, le cadre juridique et les motivations d'un avant-projet constitutionnel doivent respecter des règles strictes ; ensuite, il est juridiquement impossible de faire du CNT une Assemblée constituante.

N'en déplaise au pouvoir militaire, un État ne peut modifier, suspendre, abroger une Constitution, ni en écrire une sans respecter des règles. Le dilettantisme juridique de la junte s'illustre une fois encore avec l'annonce du ministre de la Rénovation nationale, qui ignore les conditions pour élaborer une Constitution. Dans une démocratie, le peuple souverain élit une Assemblée constituante de sorte qu'elle propose un nouveau texte constitutionnel. Dans *la Puissance de l'État*, le Professeur Olivier Beaud explique ainsi que l'adoption de la Constitution obéit à une série d'étapes dont la première, qui est la décision d'élaborer une Constitution, se divise en plusieurs phases qu'il nomme « *décisions* », et dont les deux axes principaux sont la « *décision préconstituant* » et la « *décision constituante* ». La décision préconstituant passe par l'organisation d'une conférence nationale souveraine, comme en 1991, dont les actes fonderaient le projet de la Constitution de la IVe République. Quant à la décision constituante, elle consisterait à exprimer la volonté politique d'une nouvelle Constitution en vue d'organiser la transition constitutionnelle. Pour le dire autrement, ces actes juridiques visant à rédiger une nouvelle Constitution permettraient de suspendre ou d'abroger la loi fondamentale de 1992. Mais sa suppression dépend nécessairement du peuple souverain s'exprimant par référendum ou par la voix d'une Assemblée constituante de droit. À ce sujet, on peut se demander si l'avant-projet de Constitution est bien venu étant donné que le peuple souverain n'a pas dit s'il était favorable à une nouvelle Constitution, et parce qu'il découle d'un accord dont les parties sont étrangères au Mali. Manifestement, donc, il est tout à fait extravagant que la junte seule, influencée qui plus est par des autorités extérieures au pays, s'autorise à jeter les fondements d'une Constitution, à moins d'admettre que l'État soit sous la tutelle de la communauté internationale et lui délègue son pouvoir constituant. L'adoption d'une nouvelle Constitution sans l'accord préalable du peuple montre une fois encore le saccage des institutions perpétré par les militaires, qui persistent à nier le coup d'État d'août 2020. Il est pourtant impossible de légitimer, y compris du point de vue politique, la mise à l'écart du peuple dans le processus constituant – directement, par voie référendaire, ou indirectement, par l'intermédiaire d'une véritable Assemblée constituante. De plus, les actes préparatoires et les décisions constituantes ont besoin de sa participation, car lui seul dispose de la souveraineté à changer la Constitution ou à la réviser. La procédure établissant une nouvelle Constitution pour le Mali impose un cadre juridique valable, et non, comme pour la Charte de la Transition, une simple consultation prétendue des « *Forces vives* » de la Nation, sans l'avis favorable des citoyens. Ceux que le régime essaie de faire passer pour leurs représentants n'ont, de surcroît, aucune légitimité.

En effet, la Charte a mis en place un CNT équivalent à un Parlement, mais l'emprise du pouvoir exécutif sur lui est totale. Illégitime par nature, puisqu'il émane d'un texte inconstitutionnel, le CNT l'est d'autant plus du fait de la désignation de ses membres, pour la plupart nommés par le vice-président de la Transition, Assimi Goïta. L'élection du colonel Malick Diaw comme président de cet organe législatif a prouvé la collusion, voire la confusion, des pouvoirs, tous détenus par les officiers factieux et organisateurs du coup d'État. Le CNT ne peut donc pas être une Assemblée constituante de droit, parce qu'il n'est en rien indépendant et parce qu'il ne représente pas les citoyens maliens, mais des officiers factieux. La Constitution est un contrat social où s'exprime la volonté du souverain, non celle d'un pseudo-Parlement guidé par un despote militaire prétendument éclairé. Mettre en avant une situation de crise pour légitimer l'action constitutionnelle d'un organe constitué au mépris des règles du droit est selon nous inacceptable. Or, le chaos politique a engendré un débat entre juristes, les uns défendant une application stricte du droit, les autres soutenant que les circonstances exceptionnelles dans lesquelles se trouve le Mali légitiment l'action du pouvoir en place, notamment l'élaboration et le vote d'une Constitution. Cette thèse est à l'évidence d'une grande naïveté, car les autorités de transition maliennes, nous le verrons, vont se prévaloir de ce droit pour élaborer à leur guise une Constitution et la faire adopter selon les procédés qu'elles estiment les meilleurs, par exemple grâce au CNT, revêtu ou non de la qualité d'Assemblée constituante, et cela pour des motifs d'urgence ou par la nécessité d'appliquer l'accord d'Alger dans un délai raisonnable. L'armée, alors, risque de s'emparer de la souveraineté constituante du peuple. Or, juridiquement, dans un État démocratique, la délégation de cette souveraineté à un Parlement de transition qui n'en a pas reçu l'habilitation explicite est impossible. Mais la junte passe outre nombre d'interdits.

Le coup d'État du 24 mai 2021

En voici une preuve éloquente. Le 24 mai 2021, Assimi Goïta, alors vice-président de la Transition, fait arrêter le Président et le Premier ministre parce que ce dernier, au moment de composer son gouvernement, a écarté, sans son accord, deux officiers putschistes des postes de ministres de la Défense et de la Sécurité. Bah N'Daw et Moctar Ouane sont alors démis de leurs fonctions et conduits dans le camp militaire de Kati. Ce coup d'État n'est pas reconnu par l'homme fort du Mali, qui se justifie d'avoir déjoué une « *intention avérée de sabotage de la Transition*[93] », dans la mesure où, selon lui, l'article 7 de la Charte, qui dispose que « *le vice-président est chargé des questions de défense et de sécurité* », n'a pas été respecté. Autrement, dit, le président de la Transition n'aurait pas dû attribuer les portefeuilles traitant de ces domaines suivant la seule proposition du Premier ministre. Il aurait violé son serment dans lequel il jure, d'après l'article 10, « *de préserver en toute fidélité le régime républicain, de respecter et de faire respecter la Constitution, la Charte de la transition et la Loi* ».

Cependant, cette appréciation est pour le moins arbitraire et excessive. Elle repose sur l'imprécision de l'article 7 qui, selon le point de vue adopté, attribue au vice-président des pouvoirs très étendus ou, au contraire, symboliques. Elle repose aussi sur la vacuité de la Charte, qui ne dit rien quant à la façon de nommer les membres du gouvernement. Pour analyser la situation, le juriste se fonde sur des textes. Or, le préambule de la Charte renvoie à la Constitution de 1992, mais celle-ci ne mentionne pas le poste de vice-président. Par conséquent, le Président et le Premier ministre n'avaient de compte à rendre à personne quand ils ont élaboré la liste des membres du gouvernement et leur arrestation est bel et bien illégale. Mais, tout au moins, le vice-président avait-il le droit de pousser à la démission ou de destituer le chef de l'État et

---

93 *Le Point*, 25 mai 2021, https://www.lepoint.fr/afrique/mali-les-militaires-reprennent-le-pouvoir-25-05-2021-2428009_3826.php Site consulté le 8 avril 2022.

le chef du gouvernement au motif qu'ils auraient violé la Charte ? Là aussi, Assimi Goïta a profité du flou de la Charte pour agir. L'article 10 indiquant que le vice-président prononce le même serment que le Président, il est lui aussi tenu de « *respecter et de faire respecter la Constitution, la Charte de la Transition et la Loi* ». Mais comme aucun moyen pour accomplir cette dernière mission n'est mentionné, le coup de force est autorisé et le colonel putschiste peut remplacer les deux membres de l'exécutif. C.Q.F.D.

Ce raisonnement laisse toutefois dubitatif eu égard au rôle du président de la Cour suprême, puisque c'est lui qui, selon l'article 10, investit le Président et le vice-président. En toute rigueur juridique, juger les actes du Président et le destituer ne ressortent-ils pas de sa compétence ? En tout cas, le 7 juin 2021, la Cour constitutionnelle ayant constaté la vacance de la présidence, Assimi Goïta prête serment comme président de la Transition. Mais, curieusement, personne n'a été ni désigné ni élu pour lui succéder à la vice-présidence, comme si cette charge était désormais un embarras.

La vacance de la vice-présidence de la Transition

La vice-présidence est une fonction inédite dans l'histoire du Mali. Présentées dans l'article 7 de la Charte, ses prérogatives sont ambiguës : « *Le président de la Transition est secondé par un vice-président. Il est désigné suivant les mêmes conditions que ce dernier. Le vice-président est chargé des questions de défense et de sécurité.* » L'article 10 indique aussi que celui-ci fait le serment de « *respecter et de faire respecter la Constitution, la Charte de la Transition et la Loi* ». Son importance est confirmée aux lendemains du coup d'État par la Cour constitutionnelle : dans leur arrêt du 28 mai 2021[94] – sur lequel nous reviendrons tant il est contestable –, les Sages déclarent que, puisque le vice-président « *seconde* »[95] le président de la Transition, au vu de la vacance de la Présidence, il « *exerce les fonctions, attributs et prérogatives de président de la Transition pour conduire le processus de transition à son terme* ». Cette fonction, pourtant capitale dans le régime, est laissée vacante à partir du moment où Assimi Goïta est proclamé chef de l'État, mais la continuité de la fonction présidentielle fait alors défaut. En effet, quel parti les organes de la Transition prendraient-ils si le Président Assimi Goïta ne pouvait plus assumer sa charge ? Il est probable que la junte chercherait à conserver le pouvoir et que l'État risquerait d'être déstabilisé un peu plus. En tout cas, en juin 2021, même si le régime veut désigner un vice-président, il ne le peut pas, car le CNSP, censé mettre en place un collège chargé de le nommer (articles 4 et 7), a été dissous cinq mois auparavant ! Après un deuxième coup d'État, la junte est donc parvenue à paralyser les institutions qu'elle avait elle-même créées et à rendre impossible, notamment, l'application de l'article 10 selon lequel le Président et le vice-président prêtent serment le même jour. Notons, mais nous y reviendrons, qu'elle finira par supprimer ce poste en février 2022. La stratégie politique continue de primer sur le droit constitutionnel, notamment parce que la Cour constitutionnelle soutient la junte.

---

[94] Arrêt n° 2021-02/CC du 28 mai 2021 relatif à la vacance de la présidence de la Transition. Le document est produit dans l'annexe.
[95] 7e considérant.

1.

Le rôle de la cour constitutionnelle

« *La création d'une juridiction indépendante des pouvoirs législatif et exécutif chargée de mettre en œuvre le contrôle de constitutionnalité des lois est manifestement le seul moyen de garantir la suprématie de la Constitution*[96] », rappelle Abdoulaye Diarra. Cependant, depuis le premier coup d'État en 1968, l'usage de mesures constitutionnelles exceptionnelles se répète. La plupart du temps, leur but, contraire au bien de la majorité, est servi par des moyens illégitimes, mais reconnus valables par la Cour constitutionnelle, ce qui pose la question de la complicité de la junte et des gardiens de la Constitution.

1. Les coups portés à la Cour constitutionnelle

Comme nous l'avons montré au début de cet ouvrage, Assimi Goïta est le continuateur de pratiques juridiques opposées à la Constitution : l'instauration d'un Acte fondamental et d'une Charte est donc banale. Mais si ces

---

[96] A. Diarra, *Démocratie et droit constitutionnel dans les pays francophones d'Afrique noire. Le cas du Mali depuis 1960*, Paris, Karthala, 2010, p. 268.

textes négligent la Cour constitutionnelle, l'attitude de l'homme fort du Mali à l'égard de cette institution ne confine pas à l'ignorance.

Les mesures constitutionnelles d'exception

Une mesure constitutionnelle d'exception se définit comme la mise en œuvre temporaire, par les acteurs d'une crise politique, de principes constitutionnels ; elle est, pour ainsi dire, une constitutionnalité de nécessité qui vise à régulariser l'action du régime de transition, mais ne doit pas servir à institutionnaliser une dictature. D'ailleurs, au nom de sa souveraineté, le peuple doit être consulté directement ou non pour toute révision de la Constitution, et la Cour constitutionnelle et le Parlement de transition conservent leurs prérogatives. De même, la constitutionnalité d'exception, éphémère, par essence, doit mettre en place les conditions d'un retour à l'ordre constitutionnel et démocratique d'un État. Dans l'histoire du Mali, ce ne fut pas souvent le cas.

Une mesure fréquente dans l'histoire du Mali

En 1991, Amadou Toumani Touré écarte le dictateur Moussa Traoré et instaure un Acte fondamental établissant un régime de transition démocratique. L'article 122 de ce texte, qui deviendra la Constitution malienne de la IIIe République, dispose ceci : « *Jusqu'à la mise en place des Institutions, le Comité de Transition pour le Salut du Peuple et le Gouvernement prennent des mesures nécessaires au fonctionnement des pouvoirs publics, à la vie de la Nation, à la protection des citoyens et à la sauvegarde des libertés.* » Ainsi, comme le fit son prédécesseur en 1968, ATT légalise des mesures constitutionnelles d'exception qui abrogent la Constitution de la IIe République. Ce procédé perdure ensuite au gré du coup d'État de 2012 quand Amadou Haya Sanogo impose un Acte fondamental[97] suspendant la Constitution ; et, bien sûr, à partir du moment où il prend le pouvoir, Assimi Goïta édicte lui aussi un Acte fondamental puis une Charte, textes à valeur constitutionnelle grâce auxquels il établit un Parlement de transition après en avoir choisi les membres, exerce les fonctions inédites de vice-président, fomente un deuxième coup d'État et prend finalement le titre de Président. Au lieu de restaurer l'État de droit, les mesures constitutionnelles d'exception facilitent l'omniprésence des militaires à la tête des institutions, sans que la Cour constitutionnelle ne s'y oppose, alors que la Constitution est manifestement violée et que, selon les articles 85 à 94 de la Constitution de la IIIe République, toujours en vigueur officiellement, les Conseillers ont la mission de contrôler le respect de la norme suprême. Une raison à cela : ils ont contre eux la malhonnêteté de la junte et du contenu de la Charte.

Du mépris pour les juges constitutionnels

Après son coup d'État d'août 2020, Assimi Goïta n'a pas cherché l'aval de la Cour constitutionnelle, alors que, selon les articles 85 et 86 du texte fondamental de 1992, elle « *est l'organe régulateur du fonctionnement des institutions et de l'activité des pouvoirs publics* » et qu'elle « *statue obligatoirement sur* […] *les conflits d'attribution entre les institutions de l'État* ». Pire encore, il a réduit à rien le rôle des

[97] *Digithèque de matériaux juridiques et politiques*, https://mjp.univ-perp.fr/constit/ml2012.htm Site consulté le 9 avril 2022.

Sages par l'article 25 de la Charte, admirable de contradiction : « *En cas de contrariété entre la Charte de la Transition et la Constitution du 25 février 1992, les dispositions de la présente Charte s'appliquent. La Cour constitutionnelle statue en cas de litige.* » On se demande ce que peut statuer la Cour puisque le litige est tranché d'avance au vu de la supériorité de la Charte, comme l'indique le préambule ! Ce mépris explicite aurait pu suffire à illustrer en quelle estime les colonels tiennent la Cour constitutionnelle et, partant, la démocratie, donc le peuple lui-même, et l'État de droit. Cependant, deux saisines de la junte rendent ambiguë sa relation avec les juges : en décembre 2020, les magistrats doivent se prononcer sur la conformité du règlement intérieur du Conseil national de Transition à la Constitution et, en mai 2021, ils rendent une décision faisant suite au putsch qui vient d'être perpétré par le colonel Goïta. Le plus surprenant est que, dans l'une et l'autre requête, l'action de l'armée est soutenue par la plus haute juridiction du Mali. Pourtant, les officiers putschistes ont infligé des affronts multiples à la Cour constitutionnelle depuis le renversement d'Ibrahim Boubacar Keïta. Avançons même que les articles 85 et 86 de la Constitution, qui traitent de ses prérogatives, ont constamment été transgressés : qui peut affirmer, de bonne foi, que la Cour constitutionnelle a bien été le « *juge de la constitutionnalité des lois* » et qu'elle a garanti « *les droits fondamentaux de la personne humaine et les libertés publiques* » ? En effet, le 1er octobre 2020, l'armée a publié un décret promulguant la Charte de la Transition, mais sans la publier au préalable, ce qui a empêché la Cour de la rejeter, alors que c'est elle qui « *statue obligatoirement sur* […] *les conflits d'attribution entre les institutions de l'État* » : la vice-présidence, poste absent de la Constitution de 1992 et dont les attributions étaient initialement floues, aurait sans doute été contestée dans un véritable État de droit. Enfin, le droit du peuple à donner son avis sur les changements constitutionnels et politiques a-t-il été préservé ? Il peut déclarer dans son discours du 7 juin 2021 que des « *élections générales* » seront organisées « *dans des délais raisonnables* », Assimi Goïta s'est paré deux fois du titre de chef d'État (du 18 août au 25 septembre 2020 et à partir du 24 mai 2021) sans jamais avoir été élu, mais avec l'accord de la Cour ! Le lien, ambivalent, à l'évidence, entre la junte et les magistrats mérite donc d'être analysé maintenant d'après les arrêts que les Conseillers ont rendus en décembre 2020.

2. Duplicité et mystification : l'arrêt du 18 décembre 2020 de la Cour constitutionnelle

Six mois environ après la chute d'IBK, la junte, se trouvant en difficulté, se voit contrainte de s'adresser aux juges de la Cour constitutionnelle. Un jeu de dupes s'installe entre eux, mêlant connivence et tensions, dont la Constitution est la principale victime.

Une décision anticonstitutionnelle et incohérente

Le 11 décembre 2020, Malick Diaw réveille la Cour constitutionnelle, endormie depuis quatre mois au moins, en lui demandant d'examiner la conformité du règlement intérieur de l'organe qu'il préside à la Constitution de 1992. Dans l'arrêt du 18 décembre 2020, les Conseillers jugent recevable cette requête en se fondant sur l'article 68 de la Constitution disposant que « *l'Assemblée nationale établit son règlement intérieur* », et sur l'article 86, qui prévoit le contrôle obligatoire, par la Cour constitutionnelle, des « *règlements intérieurs de l'Assemblée nationale, du Haut Conseil des Collectivités et du Conseil Économique, Social et Culturel avant leur mise en application quant à leur conformité à la Constitution* » ; de même, il s'appuie sur l'article 15, alinéa 1, de la Charte de la Transition indiquant que « *le Conseil national de transition élabore son règlement intérieur lors de sa session inaugurale* ». Le contrôle de ce texte est obligatoire pour éviter que le Parlement ne s'arroge des pouvoirs que la Constitution ne lui donne pas. Or, la Cour constitutionnelle a-t-elle compétence pour contrôler la conformité du règlement intérieur du CNT ? Oui, d'après l'article 86. Cependant, ce texte ne s'applique pas à tous les règlements intérieurs, mais comme le CNT ne figure pas parmi les institutions citées dans la Constitution, les neuf Sages ne sont pas compétents pour contrôler la conformité de son règlement à la norme suprême. Dès lors, il est regrettable que la Cour constitutionnelle se soit plus souciée de la recevabilité de la requête de Malick Diaw que de sa propre compétence. Ce faisant, elle a elle-même violé la Constitution, alors qu'elle était censée la protéger. Le peu de crédit qui lui restait depuis sa décision contestée lors des élections législatives de mars et d'avril 2020 disparaît. Il est vrai que les Conseillers se trouvent dans une situation juridique difficile, étant donné que, jusqu'alors, les autorités de Transition ne les ont pas consultés sur les textes qu'elles ont adoptés. Pour autant, la Cour constitutionnelle aurait pu assumer son rôle de gardien de la Constitution en rejetant, au nom de son incompétence, la requête de Malick Diaw, et en suggérant aux autorités de la Transition de réviser la Charte pour lui permettre de contrôler la conformité du règlement du CNT à la Constitution. De cette façon, les juges contraignaient l'armée à leur reconnaître un rôle officiel et clair, mais ils ont préféré sacrifier le droit et la Constitution pour ne pas prendre le risque de s'attirer les foudres du régime.

Il faut faire un reproche de plus aux Sages : celui d'avoir rejeté la mesure du règlement du CNT indiquant que ses membres jouissaient du statut de député. En effet, ces derniers, à la différence des parlementaires élus au suffrage universel direct pour cinq ans, sont nommés par le vice-président de la Transition et un décret du Président entérine leur désignation. Cette décision est certes louable pour qui s'oppose à la dictature militaire, cependant, elle repose sur un raisonnement incohérent : bien que la Cour assimile le CNT à l'Assemblée nationale pour contrôler la conformité de son règlement, elle n'assimile pas ses membres à ceux de l'Assemblée, donc à des députés ; autrement dit, pour la Cour, ces deux institutions n'ont comme similitude que leur fonction législative, non ceux qui en ont la charge. Cette contradiction manifeste, reposant sur une argutie, est bien surprenante, à moins d'envisager que la solution consacrée par l'arrêt du 18 décembre 2020 n'soit pas fondée en droit, mais du point de vue politique, car elle donne l'occasion à la Cour constitutionnelle, mise à l'écart depuis le coup d'État d'août 2020, de participer à la Transition.

Une décision politique

D'un côté, la Cour constitutionnelle, en contrôlant la conformité du règlement du CNT, reconnaît la légitimité du régime et se montre complaisante à l'égard de la junte ; de l'autre, elle s'oppose symboliquement à celle-ci sur la question peu importante du statut des membres du CNT. Cette décision anéantit la valeur juridique de l'arrêt et sa crédibilité. Comment l'expliquer ? Il est difficile de penser que des juristes aussi chevronnés que les neuf Conseillers aient péché par méconnaissance du droit constitutionnel. À l'évidence, l'arrêt témoigne de leur prise de position politique : très affaiblie depuis l'arrêt controversé relatif à l'élection législative, abandonnée par les autorités de la Transition, la Cour, avec habileté, a réussi à recouvrer une dignité qu'elle avait presque perdue et a atteint ses objectifs : gagner la confiance de la junte, sortir de l'ombre et s'imposer comme un acteur important du régime en le confortant, tout en s'opposant à lui sans le froisser. En effet, ni les représentants du pouvoir exécutif, ni ceux du pouvoir législatif de la Transition n'ont contesté son rôle, bien que sa décision soit entachée d'une erreur de droit. D'ailleurs, Malick Diaw s'est engagé à réviser le règlement intérieur du CNT en tenant compte des critiques des magistrats. Évidemment, dès lors que cette décision était prise, il n'était plus permis d'espérer que le droit fût rendu. En renonçant à protéger la Constitution pour s'imposer dans l'architecture institutionnelle de la Transition, la Cour commençait à légitimer la junte et allait bientôt sacrifier la Constitution.

3. L'arrêt du 28 mai 2021 de la Cour constitutionnelle : la fin de la IIIe République

Jusqu'en mai 2021, les institutions de la IIIe République sont certes très touchées par les coups que la junte lui a donnés, mais elles survivent : la Cour suprême fonctionne, la Cour constitutionnelle aussi… Mais la situation ne pouvait pas durer : avec le soutien des juges constitutionnels, l'armée neutralise définitivement la Constitution.

L'armée en quête de légitimité

En mois d'un an, l'ordre constitutionnel est rompu deux fois au Mali : le 18 août 2020, après le renversement d'Ibrahim Boubacar Keïta, et le 24 mai 2021, après la démission de Bah N'Daw, alors qu'il n'est Président que depuis sept mois. Démission forcée, cela va sans dire, car ce départ, organisé par le colonel Assimi Goïta, trouve sa légitimité prétendue dans la violation de la Charte de la Transition qu'auraient perpétrée le chef de l'État et le Premier ministre, Moctar Ouane, les deux hommes n'ayant pas consulté le vice-président lors de la composition du deuxième gouvernement. La junte met alors en scène une parodie de renoncement volontaire en faisant signer au Président une lettre dont les termes sont exactement les mêmes que ceux employés par IBK lors du premier coup d'État : « [J] *e voudrais en ce moment précis, tout en remerciant le peuple malien pour son accompagnement le long de ces derniers mois, la chaleur de son affection, vous dire ma décision de quitter mes fonctions à partir de ce moment, et avec toutes les conséquences de droit* [...][98]. » Ainsi écarté du pouvoir, l'officier à la retraite laisse un siège libre. Après la destitution des deux membres de l'exécutif, la communauté internationale est unanime et dénonce un coup d'État ; de même, une partie du M5-RFP se met à critiquer le régime et

[98] Cet extrait est reproduit dans l'arrêt de la Cour constitutionnelle du 28 mai 2021, qui est dans l'annexe de cet ouvrage.

en particulier le CNT, qu'elle veut voir dissous[99] ; quant à l'Union nationale des travailleurs du Mali, elle voit là un motif pour poursuivre le mouvement de grève qu'elle a commencé une semaine plus tôt. Pour gagner une caution morale qui lui fait donc défaut, l'armée cherche un soutien de poids pour légitimer le départ contraint du Président et pense le trouver auprès des membres de la Cour constitutionnelle en leur demandant de constater la vacance de la présidence de la Transition : une fine interprétation de la Constitution et de la Charte pourrait ainsi l'aider à remonter en selle et à confirmer la prise de pouvoir du vice-président Goïta. Pourtant, la lecture des deux textes laisse apparaître deux vides juridiques quant à la démission du chef de l'État et à la vacance de la Présidence.

L'acte de décès de la IIIe République

Le ministre directeur du vice-président présente une requête à la Cour constitutionnelle qui, dans son arrêt du 28 mai 2021, la déclare recevable. Or, on peut se demander si la Cour constitutionnelle avait réellement la compétence qu'elle prétendait pour constater la vacance de la présidence de la Transition. Pour statuer sur la requête du ministre directeur du vice-président, la Cour constitutionnelle s'est appuyée sur deux textes. Elle s'est d'abord fondée sur l'article 36 alinéa 2 de la Constitution de 1992 selon lequel « *en cas de vacance de la présidence de la République pour quelque cause que ce soit ou d'empêchement absolu ou définitif constaté par la Cour constitutionnelle saisie par le président de*

---

[99] *Le Point*, 28 mai 2021, https://www.lepoint.fr/afrique/mali-un-coup-d-etat-dans-le-coup-d-etat-28-05-2021-2428593_3826.php Site consulté le 9 avril 2022.

l'Assemblée nationale et le Premier ministre, les fonctions du président de la République sont exercées par le président de l'Assemblée nationale ». Elle s'est ensuite servie du Titre I de la Charte du 1er octobre 2020 disposant que « *la charte de la transition* [...] *complète la Constitution du 25 février 1992 dont le présent préambule est partie intégrante* ». Cependant, si l'article 36 alinéa 2 de la Constitution donne compétence à la Cour constitutionnelle pour examiner une requête relative à la vacance de la présidence de la République, il ne s'applique pas à celle de la présidence de la Transition. Autrement dit, les juges soulignent leur incompétence juridique pour constater la vacance de la présidence de la Transition, au vu d'un vide juridique. Mais le plus grave est la justification suivante : « *Considérant que ce vide juridique ne saurait bloquer le fonctionnement des organes de la Transition* [...], *il y a lieu de déclarer recevable la lettre* [...] *du ministre directeur.* » Cette reconnaissance marque, pensons-nous, l'acte de décès de la IIIe République, puisque la Cour constitutionnelle reconnaît officiellement la supériorité de la Charte sur la Constitution de 1992.

La complicité macabre de la Cour constitutionnelle

Par ailleurs, plusieurs vides juridiques renforcent l'argument de son incompétence et de son soutien à la junte. D'une part, la démission de Bah N'Daw. Alors que, il faut le rappeler, la démission est, en droit, un acte volontaire par lequel une personne renonce à un mandat ou à une fonction, la Charte ne la mentionne pas et ce départ reste douteux. Comment croire, en effet, que l'ex-chef de l'État a quitté ses fonctions de son plein gré alors qu'il a été arrêté par les hommes d'Assimi Goïta qui a déclaré l'avoir mis « *hors de ses prérogatives* », conformément à l'article 6 de la Charte ? Sa lettre de démission, publiée dans l'arrêt de la Cour constitutionnelle, étant la même que celle d'IBK, on imagine les pressions qu'il a dû subir pour la rédiger. Il est donc vraisemblable qu'un coup d'État a bel et bien eu lieu. Cependant, la Cour n'a tenu compte ni de ce vide juridique, ni des conditions de cette démission. D'autre part, la complicité de la Cour repose sur l'interprétation extensive de l'article 7 de la Charte selon lequel le vice-président seconde le Président. Nous expliquons ce choix par le fait que les Sages ont cherché à éviter un autre vide juridique, celui touchant à la désignation du président de la Transition, suivant l'article 4 de la Charte, parce qu'il était tout simplement inapplicable : ce texte indique que le Président *« est choisi par un collège de désignation mis en place par le Comité national pour le Salut du Peuple »*, mais ce dernier a été dissous en janvier 2021.

Certes, l'arrêt de la Cour constitutionnelle s'explique au vu de ses difficultés à porter un jugement clair parce que l'armée ne l'a pas consultée pour l'adoption des textes constitutionnels et a négligé de lui donner un rôle dans la Transition. Mais cette décision confirme malheureusement la mollesse de la Cour, car elle aurait pu assumer son rôle de gardien de la Constitution en rejetant la requête du ministre directeur de cabinet du vice-président. Au lieu de cela, elle s'est comportée comme un allié de la junte.

Une décision courageuse et salutaire ?

On peut s'interroger alors sur les motivations des juges constitutionnels dans leur arrêt du 28 mai 2021. S'il est manifeste qu'ils participent au maintien d'un système illégal

– la Transition –, mais peu ou prou stable, c'est par défaut, pour sauvegarder ce qui reste de l'État. Cette position n'est cependant pas sans danger pour eux. Les fondements qu'ils ont invoqués pour légitimer la présidence d'Assimi Goïta marquent leur approbation implicite du coup d'État et le droit qu'ils se donnent de jouer un rôle politique. En effet, pour certains juristes, les juges ont souhaité stabiliser la Transition et participer à la reconstruction du pays en prenant les décisions les moins défavorables : l'implication de tous, la Cour constitutionnelle comprise, serait nécessaire pour que revienne l'ordre constitutionnel, quitte à ce que les Sages se livrent aux interprétations les plus fantaisistes, tant qu'ils peuvent apaiser les tensions entre les forces civiles, militaires et politiques et permettre des débats respectueux. Toutefois, en soutenant un changement anticonstitutionnel de gouvernement, la Cour risque de se fragiliser plus encore une fois la période de Transition achevée, car, au regard de sa récente décision, en sacrifiant la Constitution et la Charte à son entrée en politique, elle passe pour accepter n'importe quel régime installé par la force. La question de son indépendance est alors posée, tout comme celle de sa légitimité et de sa fonction principale qui est de dire le droit. En effet, les juges constitutionnels contribuent au renforcement des pratiques inconstitutionnelles de la junte ; et si l'on admet, au nom de la préservation de l'État, que la Cour constitutionnelle soutienne la Transition, il faut corrélativement aussi qu'elle doive la censurer au nom du respect de certains principes constitutionnels.

III.

Quel avenir constitutionnel pour le Mali ?

La IIIe République n'est plus. Il ne reste qu'une Charte mal écrite sujette à des interprétations favorables à la junte. Un an après s'être emparée des pleins pouvoirs, l'armée tente alors de se présenter sous un nouveau jour en affirmant restaurer la morale et l'État. Elle organise pour cela des discussions entre citoyens pour rédiger une nouvelle Constitution. Les moyens qu'elle emploie sont cependant des plus douteux, d'autant plus que sa pratique des institutions qu'elle a imaginées et la politique qu'elle mène demeurent nuisibles, et négligeant la démocratie et l'État de droit. Envisager l'avenir constitutionnel du Mali tient alors de la gageure, et cela est encore plus vrai à la lecture de la littérature spécialisée. Il apparaît en effet que la rédaction d'une Constitution en Afrique doive reprendre des critères imposés par le régime de la démocratie et par les cadres des institutions régionales et internationales dans lesquelles l'État est intégré, tandis que l'accusation de produire un texte constitutionnel reproduisant la Constitution française n'est jamais loin. Pour être pertinente, nous pensons qu'une

Constitution doive surtout contenir des principes forts de sorte, notamment, à rester viable.

1. Les ultimes atteintes de la junte au droit constitutionnel

Confortée par l'arrêt de la Cour constitutionnelle, la junte s'active à imposer ses volontés de la manière qui lui convient. Avec une certaine habileté, Assimi Goïta et le nouveau Premier ministre, Choguel Maïga, profitent de l'anniversaire du putsch pour annoncer des décisions importantes en matière constitutionnelle. Le nouveau duo qu'ils composent depuis le limogeage de Moctar Ouane suscite des interrogations quant aux responsabilités afférentes à chacun ; et, pour ce qui est de leur politique, elle mérite d'être analysée tant elle écarte les principes constitutionnels les plus forts.

La politique de l'autruche

Rien ne peut changer tant que les autorités continuent de nier une partie des problèmes et persistent à nier, aussi, leurs responsabilités. Un an jour pour jour après la démission forcée d'Ibrahim Boubacar Keïta, Assimi Goïta prononce un discours[100] commémorant l'événement par lequel il confirme la crainte de la communauté internationale et de la plupart des Maliens quant à la volonté de l'armée de se maintenir au pouvoir. S'adressant à la nation, le président de la Transition salue ceux qui ont défendu la patrie au prix de leur vie, rappelle les circonstances dans lesquelles les militaires sont arrivés au pouvoir, synthétise leur action et annonce le programme des réformes à venir. Si le discours est honnête et

[100] Le discours est reproduit en annexe.

lucide en apparence, notamment sur la situation générale du Mali – car le colonel Goïta évoque bien la nécessaire « *refondation de l'État* » –, et fédérateur – car il en appelle à l'unité –, il confine au plus grand cynisme. Au lieu de parler de *coup d'État*, ce qui aurait nui à sa légitimité, le chef de la junte, prudent, préfère l'euphémisme : le 18 août 2020, c'est le « *Peuple* [qui a pris] *son destin en main* ». Mais ce travestissement de la réalité ne trompe personne. Surtout pas quand, un peu plus loin, Assimi Goïta justifie le putsch : l'« *armée ne pouvait rester dans l'attentisme ; elle a donc pris ses responsabilités pour intervenir et permettre la concrétisation du vœu populaire, le changement* [...] *en vue de la refondation de l'État* ». Pourtant, dans une démocratie, l'armée n'a pas d'initiatives à prendre en matière politique ! De même, comment ne pas s'indigner des *satisfecit* de l'homme fort du Mali, content d'avoir instauré « *de nouvelles institutions* » et « *un nouveau gouvernement* » ? Les citoyens ne peuvent pas partager son enthousiasme, puisque personne n'a cherché à connaître leur accord sur ces questions cependant essentielles. À tout prendre, il semble que le chef de l'État ne se rende pas compte que les mesures prises ne reflètent non pas l'avis de la majorité, mais le sien seul. Par conséquent, si son programme est bel et bien louable, il n'est pas crédible. Qui peut croire que la caste en uniforme qui dirige le Mali souhaite vraiment « *sécuriser* » le pays, le « *développer* », « *instaurer une gouvernance vertueuse, réussir des élections transparentes* » et « *raffermir la cohésion nationale* », au vu de son bilan catastrophique ? Le pire réquisitoire qu'on puisse tenir contre la junte est de rappeler qu'elle a elle-même violé sa propre Charte de Transition le 24 mai 2021 quand le vice-président a destitué le Président et le Premier ministre.

Ce jour-là, il s'est offert en avance un beau cadeau d'anniversaire.

La piteuse aventure des Assises nationales pour la refondation du Mali

Quelques jours avant, le 30 juillet 2021, le Premier ministre Choguel Maïga présente le Plan d'action du gouvernement (PAG) et insiste sur l'« *impérieuse nécessité des réformes pour rénover non seulement le cadre politique, adapter les textes fondamentaux de la République, mais aussi doter* [le] *pays d'institutions fortes et légitimes* » afin d'assurer une « *stabilité politique et une paix sociale durables* ». Le désordre constitutionnel que subit le Mali depuis que l'armée s'est installée au palais de Koulouba semble enfin reconnu par la junte et ses alliés, et ce n'est pas faute aux nombreux juristes de dénoncer cette catastrophe : la Charte inique mise en place par Assimi Goïta prévaut, répétons-le, sur la Constitution de la IIIe République, mais cette dernière continue de s'appliquer en théorie. Du point de vue juridique, la situation est absurde ; par exemple, les deux textes organisent le pouvoir exécutif de façon très différente, et, du point de vue politique, les alliances de circonstance et le clientélisme sont plus stimulés que la démocratie. Pour régler ces problèmes, en septembre 2021, Monsieur Maïga annonce la tenue des « *Assises nationales de la Refondation* » visant à « *donner la parole, sans censure, à l'ensemble des citoyens* [...] », et d'ajouter que les « *recommandations issues de ces assises* [seront] *exécutoires* [...] *pour la période de Transition* [et] *les pouvoirs à venir* ».

Cette décision pouvait donner de l'espoir au peuple, pourtant, dans l'histoire constitutionnelle et politique des

États d'Afrique, organiser des assises nationales est banal : en 1991, Amadou Toumani Touré avait déjà organisé une « conférence nationale » et la même initiative était vue au Bénin ou au Togo ; en septembre 2021 encore, les officiers qui ont pris le pouvoir en Guinée ont ouvert des « concertations nationales »… Avec les accords politiques, ces réunions, quel que soit leur nom, font partie des mesures traditionnelles, fades et – osons le dire – souvent inutiles instaurées par des gouvernants parvenus de façon illégale à la tête de certains États. Le choix de telle ou telle expression – *assises nationales* plutôt que *conférence nationale*, la première sous-entendant peut-être une plus grande place accordée aux citoyens – ne change rien. La preuve en est le report de ces réunions présentées comme capitales, prévues en septembre, retardées au mois d'octobre, d'abord, puis au mois de décembre ; finalement, le 30 décembre 2021, le « *panel des hautes personnalités* » ayant participé à ces rencontres rend ses conclusions dans un document d'une quarantaine de pages. Certains peuvent donc penser que ce travail produira des effets et que les promesses faites au peuple bientôt se concrétiseront. Mais il n'est pas raisonnable de croire à de telles perspectives. Comme chacun le sait, le diable est dans les détails !

D'après les « *Termes de références* » qui les encadrent, les assises visent à résoudre le problème du manque de confiance des gouvernés à l'égard des gouvernants, surtout depuis que la Constitution de la IIIe République tient lieu de pièce de musée ou de cabinet de curiosités, et à « *proposer des éléments de réformes en vue de la révision de la Constitution du 25 février 1992* ». Ce point doit attirer l'attention, car il montre que les assises font plus que libérer la parole en matière politique : elles permettent de faire, des propositions qui en émanent, un acte préconstituant, mais formulées par des délégués dont la désignation est mal connue, aujourd'hui encore, alors qu'il y a lieu de penser qu'ils forment une Assemblée constituante qui usurpe, en cela, la mission constituante des citoyens. Avant qu'elles n'aient lieu, les assises suscitent donc l'inquiétude. Elles engendrent aussi la perplexité au vu de leur ambition de régler la crise d'autorité d'un État failli qui n'est qu'une illusion. Objectif démesuré, surtout pour ses organisateurs, les colonels putschistes, qui ont violé la Constitution à plusieurs reprises et s'adonnent à la mauvaise gouvernance. Elles créent aussi de l'incertitude, parce que, même si elles semblent confier au peuple la mission de sortir l'État de l'impasse, au moyen de la démocratie participative, elles incitent à penser que la junte cherche à se légitimer et à faire oublier les méfaits commis depuis le coup d'État de 2020. Elles laissent enfin présumer d'un échec total, étant donné qu'elles ne tiennent pas compte de tous les écueils au développement du Mali : la séparation des fonctions militaires, politiques et religieuses – sujet sur lequel nous reviendrons –, le faible accès à l'éducation…

Finalement, au terme des ANR, le président de la Transition, Assimi Goïta, illustre l'absurde avec brio : « *Le peuple malien, déclare-t-il, vient de montrer sa grande maturité à la face du monde entier. C'est pourquoi ce 30 décembre 2021 restera gravé dans l'histoire contemporaine de notre pays.* » Ce jour-là, en effet, les participants aux conférences organisées par la junte ont recommandé la prolongation de la Transition, pour six mois au moins, et, deux jours plus tard, aux membres de la Cédéao, le ministre des Affaires étrangères, Abdoulaye Diop, déclare, au nom du gouvernement, être favorable à un allongement de cinq ans de cette période exceptionnelle. Mais cette décision ne laisse pas de doute quant à son caractère inique, d'autant que les arguments *a priori* louables utilisés pour soutenir le report d'élections libres ne sont que des prétextes. L'article 22 de la Charte dispose que « *la durée de la Transition est fixée à dix-huit (18) mois à compter de la date d'investiture du président de la Transition* ». Donc, d'après ce texte, les élections doivent avoir lieu en février 2022. Par conséquent, la proposition émanant des Assises est contraire à ce qui sert de loi. Pour sortir de cette impasse juridique, seule la révision de la Charte est possible, grâce à l'article 21, qui prévoit que « *l'initiative de la révision* [...] *appartient concurremment au président de la Transition et au tiers (1/3) des membres du Conseil national de Transition. Le projet ou la proposition de révision est adopté à la majorité des 4/5*[e] *des membres du Conseil national de Transition. Le président de la Transition procède à la promulgation de l'acte de révision* ». Assimi Goïta sait ainsi comment rester légitimement à la tête du Mali : en répondant aux attentes de pseudo-représentants qui ont passé quatre jours, fin décembre 2021, à palabrer sur l'avenir du Mali, au mépris des contestations nationales et internationales. Par ailleurs, les partisans de la prolongation du régime avancent trois raisons pour justifier le report des élections : la nécessité de sécuriser le territoire national, l'application de l'accord issu du processus d'Alger et la nécessaire élaboration d'une nouvelle Constitution, autant de prétextes qui prouvent le déni de démocratie causé par la crainte du résultat des élections, si elles venaient à être organisées. De toute façon, la prolongation voulue par le gouvernement était prévisible, la junte ayant annoncé, le 23 août 2020, sa volonté « *de faire une transition de trois ans pour revoir les fondements de l'État malien* », donc le problème de l'insécurité. Ainsi, elle se servait de l'incapacité de l'État à contrôler de vastes zones de son territoire, dans le Nord et dans le Centre, là où le Président Keïta avait montré son inefficacité pendant six ans, pour se maintenir le plus longtemps possible. De plus, bien avant le début des travaux des ANR, les autorités avaient parlé d'une éventuelle impossibilité d'organiser les élections dans le délai constitutionnel : c'était, par anticipation, refuser au peuple le droit de s'exprimer. La constitutionnalisation d'un régime militaire pour une durée allant de six mois à cinq ans était donc préparée depuis le début : la dictature est réglée comme une horloge.

Un exécutif à deux têtes : l'hydre de la Transition malienne

À partir du 24 mai 2021 et la vacance de la vice-présidence, l'exécutif est bicéphale. Pour remplacer Moctar Ouane, Assimi Goïta choisit Choguel Maïga. Parce qu'elle dépend du chef de l'État, du point de vue politique et juridique, cette nomination pourrait signifier sa soumission au président de la Transition. Toutefois, dès le moment où il prend ses fonctions, l'ancien responsable du M5-RFP occupe l'espace médiatique et politique : en juin 2021, il annonce, nous l'avons dit, la tenue des ANR, censées préparer l'instauration d'un régime civil, avant de reporter les élections ; en matière internationale, il s'exprime sur le rôle, selon lui négatif, de la France au Mali. Son exposition conduit à l'effacement, mais volontaire, du Président. Nous y voyons trois raisons au moins. L'expérience, d'abord, de Monsieur Maïga pallie les maladresses et la personnalité falote d'un Assimi Goïta incapable de discourir. Engagé depuis plus de vingt ans en politique, chef de parti, candidat à la présidence de la République, il a passé au total plus de six ans à la tête de deux ministères. Ensuite, comme ancien membre du M5, qui a lutté contre Ibrahim Boubakar Keïta, il peut rassurer une partie du peuple, inquiet de la politique de la junte ; comme réserviste et ancien président du parti unique sous le régime de Moussa Traoré, il a aussi la confiance de l'armée. Dans le domaine international, enfin, le civil qu'il est légitime le pouvoir inique des militaires ayant mis fin à la IIIe République, au mépris du droit. Dans ces conditions, le chef du gouvernement supplante-t-il le Président, plus ou moins réduit à un rôle protocolaire, ou honorifique, bien qu'il puisse, à son gré, remplacer le Premier ministre ?

Dès le mois de juin, un partage tacite des pouvoirs fixe les missions des deux membres de l'exécutif : au Président les questions militaires, de défense et de sécurité ; au Premier ministre civil les sujets politiques, puisqu'il est chargé de conduire la politique du pays. À première vue, cette répartition entraîne une application inédite de la Charte, c'est-à-dire l'instauration de deux Présidents : l'un militaire, l'autre politico-civil. Cette interprétation originale prouverait la volonté d'une gouvernance pacifique du Mali et le souci de rendre pérennes les institutions d'un État, aussi fragile et illégitime soit-il. Mais n'est-il pas simpliste de prétendre séparer les questions de défense et de sécurité et de politique nationale ? En effet, le 9 décembre 2021, le Président Goïta, après avoir commencé son discours en liant l'insécurité et l'avenir du Mali, déclare : « [C]*hanger le Mali, c'est changer de prime abord le Malien lui-même. D'où la nécessité d'une transformation fondamentale des mentalités et des comportements. Toute chose qui passe obligatoirement par le renforcement de l'éducation familiale, formelle et non formelle ainsi que par l'instruction civique.* » Il n'y a pas programme politique plus ambitieux, surtout pour un Président dont les compétences devraient se limiter au commandement militaire.

À cause d'une rédaction imprécise, voire hasardeuse, la Charte a produit une horreur constitutionnelle : une présidence à deux têtes a surgi, dont les prérogatives s'entremêlent et ont englouti la vice-présidence et ses attributions. Si l'une semble prévaloir, elle risque à tout moment d'être dévorée par l'autre. La junte a accouché d'une hydre, qui contrôle le Mali pour une durée indéterminée et qui fait fi des principes constitutionnels les plus forts.

L'abandon du principe constitutionnel de laïcité

94,8 % des Maliens sont musulmans, mais le Préambule de la Constitution de la IIIe République affirme que le peuple s'engage à défendre la laïcité. Le colonel Wagué, ministre de la Réconciliation nationale, l'une des têtes pensantes du régime, a réussi, en avril 2021, à pourfendre ce principe capital, essentiel, constitutif de l'État, au moment des accords entre les habitants de Farabougou, majoritairement Peuls, les Donsos de la région et les djihadistes. Alors que ces derniers viennent de parvenir à leur fin en imposant à la population des mesures épouvantables conditionnant leur liberté de mouvement ou de travailler leur terre – les femmes doivent ainsi porter le voile, les fêtes sont interdites, seuls les cadis rendent la justice… –, le ministre Wagué, pour couronner cet odieux marchandage, déclare que Farabougou n'avait « *pas d'autres solutions* », étant donnée « *l'absence de l'État dans ces zones* »[101], même s'il reconnaît que la situation est « *regrettable* ». Avec l'aval des militaires donc, l'islamisme a désormais droit de cité au Mali.

Une délégation de souveraineté : l'ingérence russe au Mali

Le Mali, comme le Sahel, est contaminé par le mal islamiste. L'intervention de l'armée française, en janvier 2013, permet de reprendre aux djihadistes de nombreuses régions du pays. Mais la France, soutenue par l'ONU, échoue en partie ; en 2021, elle revoit donc sa stratégie, étant impuissante à contenir les attaques de mouvements nombreux, tels Al-Qaïda au Maghreb islamique ou Ansar Dine. Les Français se retirent de certains de leurs camps, qu'ils remettent à l'armée malienne. Celle-ci, cependant, dont les moyens sont insuffisants, ne peut sécuriser, seule, un territoire d'une superficie de 1 241 231 km^2. Aussi, et bien qu'il s'en défende, l'État passe-t-il un accord, fin 2021, avec une société militaire privée russe, le Groupe Wagner, qui emploie des mercenaires. Ces derniers se sont déjà fait remarquer en Afrique notamment, puisqu'ils forment les soldats de la République centrafricaine et en protègent la Présidence, mais aussi en Libye, où leurs méfaits sont reconnus. Cette organisation est donc très mal considérée. Il est vrai qu'elle semble agir pour son seul intérêt et la proximité[102] entre ses dirigeants et le président de la

---

[101] https://mondafrique.com/mali-farabougou-toujours-assiegee-par-les-djihadistes/ et https://www.maliweb.net/politique/wague-devant-le-cnt-il-n-y-a-aucun-arrangement-contre-letat-2926428.html

[102] *Le Monde*, « Evgueni Prigojine, l'homme des basses œuvres de Moscou en Afrique »,

Fédération de Russie, Vladimir Poutine, laisse envisager une emprise extérieure grave pour le Mali. La situation donne l'impression que « *Wagner va* […] *aider* [la junte] *à rester au pouvoir et qu'elle va s'affranchir du cadre politique qui a été fixé par la communauté internationale*[103] ». Plus encore, nous pensons que le président de la Transition, en laissant agir des mercenaires russes incontrôlables, délègue une partie de la souveraineté du Mali à une puissance étrangère, même s'il affirme que les Russes présents sur le territoire sont des formateurs intervenant dans le cadre d'un partenariat. Il est à craindre que cette ingérence oblige Bamako à se plier aux volontés de Moscou et que le Mali perde sa souveraineté, cette souveraineté qu'il voulait obtenir en gagnant son indépendance en 1960. Par ailleurs, en matière constitutionnelle, il est inadmissible que les questions de défense et de sécurité soient assurées par une force extérieure. En permettant aux Russes d'exploiter les mines, la junte, comme en République démocratique du Congo, abandonne une partie de la richesse du pays à une puissance qui cherche à s'étendre. Le risque de dépendance est évident, tout comme celui de servir de caution diplomatique à un Président russe belliqueux qui semble vouloir lutter contre la France et affaiblir son poids, relatif mais certain, dans la guerre en Ukraine. Ainsi faut-il comprendre, en avril 2022,

---

https://www.lemonde.fr/afrique/article/2019/10/22/evgueni-prigojine-l-homme-des-basses-uvres-de-moscou-en-afrique_6016497_3212.html Site consulté le 8 janvier 2022.

[103] Général B. Clément-Bollée, ancien directeur de la coopération de sécurité et de défense au ministère français des Affaires étrangères, TV5 MONDE, « Wagner au Mali : "Comment s'accorder avec une force qui n'obéit qu'à elle-même ?" »,
https://information.tv5monde.com/afrique/wagner-au-mali-437810 Site consulté le 8 janvier 2022.

la découverte, à Gossi, d'un prétendu charnier dont les soldats français seraient responsables. Ce mensonge scandaleux machiné par la Russie ne peut que détériorer non seulement les relations entre le Mali et la France, mais aussi entre le Mali, la Cédéao et les pays de la région.

La révision de la Charte du 25 février 2022

Début 2022, le temps presse pour la junte, le délai octroyé par la Charte du 1er octobre 2020 pour organiser des élections expirant le 27 février. Usant des recommandations des ANR, la junte élabore des modifications au texte servant de Constitution et les fait adopter par le CNT. Les nouvelles dispositions sont publiées au *Journal officiel*, *in extremis*, le 25 février. Le point le plus important, qui concerne la durée de la Transition déçoit, l'article 22 étant ainsi formulé : la « *durée de la Transition est fixée conformément aux recommandations des Assises nationales de la Refondation. La Transition prend fin avec l'élection présidentielle organisée par les autorités de la Transition, la prestation de serment et la passation des charges au nouveau Président élu* ». Or, la proposition des ANR en la matière est peu précise, puisque ses membres suggèrent un délai allant de six mois à cinq ans… Une fois encore, les putschistes se plaisent à brouiller la situation et restent les maîtres du jeu politique.

Par ailleurs, une autre remarque s'impose concernant le président du CNT, dont l'importance grandit. En effet, aux termes de l'article 7, c'est lui qui exerce la fonction de chef de l'État à la place du Président si celui-ci ne peut accomplir sa mission. Tandis que Malick Diaw est de plus en plus contesté au sein de la junte, cette nouvelle mesure pourrait tendre davantage les relations entre les colonels. En tout cas, elle réduit à néant la vice-présidence qui, si elle n'est pas officiellement supprimée, perd sa substance puisqu'elle était présentée dans le texte initial de la Charte comme une fonction secondant la présidence de la Transition. Supprimer cette magistrature que plus personne n'exerçait depuis mai 2021 était un souhait qu'Assimi Goïta avait écrit dans une lettre envoyée le 5 février 2022 au président du CNT en vue de modifier la Charte.

2. Le droit constitutionnel malien à l'heure des choix ?

Par définition, le régime de Transition n'est pas censé durer, même si, nous l'avons vu, les officiers au pouvoir usent de moyens variés pour maintenir leur emprise. À plus ou moins long terme, nous le pensons, les civils auront enfin entre leurs mains la destinée de leur pays. Aussi, parce que « *le sort des démocraties est lié, pour une large part, aux institutions qui donnent consistance et réalité aux valeurs qu'elles promeuvent*[104] », le moment viendra de rédiger des textes rendant pérenne le Mali. Mais ce dernier aura-t-il encore assez de liberté pour décider de son avenir en matière constitutionnelle ?

Un État placé sous le régime de la protection

En 2013, Mohamed Salah Helali écrivait que le Mali était un « *État défaillant, désormais mis sous curatelle puis sous triple tutelle, celle de l'État français, de la Communauté économique des États de l'Afrique de l'Ouest* […] *et de la MINUSMA onusienne* » ; en 2021, Nicolas Normand, fin connaisseur du

[104] J. du Bois de Gaudusson, « Le mimétisme postcolonial, et après ? », *Pouvoirs*, 2009/2, n° 129, p. 51.

Mali, où il a représenté la France entre 2002 et 2006, affirmait même que sa souveraineté était limitée[105]. De façon paradoxale, l'abondance de l'aide internationale fragilise l'État, l'empêche même de se développer, comme le reconnaissait lui-même le Conseil de sécurité de l'ONU en 2013 : « […] [C] » *est aux autorités maliennes qu'il incombe au premier chef de régler les crises interdépendantes auxquelles le pays doit faire face, et* […] *un règlement durable de la crise malienne ne peut être trouvé que sous la prééminence du Mali*[106]. » Cependant, étant donné le caractère populiste de la politique de la junte, qui s'efforce de stimuler la colère des Maliens contre les Français, accusés de tous les maux, ou fait le nécessaire pour se faire sanctionner par les organisations régionales, telles la Cédéao, en mai 2021, ou pour se retirer des organisations régionales, tel le G5 Sahel, en mai 2022, on voit mal comment refonder l'État et, pour cela, quelle Constitution rédiger.

Un constitutionnalisme encadré

Cela étant, le Mali peut-il choisir le contenu d'une nouvelle Constitution ?

André Moine avance l'idée qu'il existe des « *standards internationaux*[107] », car « *la pratique internationale tente d'imposer* […] *les droits de l'homme consacrés dans de nombreuses conventions internationales, ce qui détermine en*

---

[105] N. Normand, « Mali : peut-on encore sauver l'accord d'Alger ? », *Le Point*, 13 avril 2021. Site consulté le 29 janvier 2022.

[106] S/RES/2085 (2013), § 13 du préambule, *in* G. Amvane, *op. cit.*, p. 221.

[107] A. Moine, « La prise en compte internationale de la nature du pouvoir au Mali », *Civitas Europa*, 2013/2, n° 31, p. 60.

partie et modélise le régime politique des États[108] ». Effectivement, en 2009, le Secrétaire général de l'ONU énumérait les cinq domaines principaux sur lesquels l'action de refondation doit porter après un conflit : « *Les fondements de la sûreté et de la sécurité ; les processus politiques, notamment les élections ; la fourniture des services essentiels ; le rétablissement des fonctions publiques essentielles ; et la revitalisation de l'économie*[109] ». En 2012, il déclare aussi que des institutions politiques et sociales fortes « *sont des conditions préalables à l'instauration de la confiance des populations dans l'appareil d'État et à la prévention des conflits*[110] ».

Le procès du mimétisme

« *La Constitution* [de la IIIe République] *du Mali a de nombreux points communs avec celle de la France* », lit-on dans les *Cahiers du Conseil constitutionnel* français, en 1997[111]. Cette affirmation, qui repose sur des faits avérés, est un poncif de la recherche en droit constitutionnel qui se plaît à dénoncer le manque d'inventivité prétendu des juristes africains et use de synonymes toujours plus variés pour désigner, avec plus ou de mois de nuances, la reprise *in extenso*, dans les Constitutions d'États d'Afrique de l'Ouest,

---

108 *Ibid.*, p. 61.

109 Extrait du rapport de 2009 du Secrétaire général de l'ONU, A/63/881 – S/2009/304, § 17, cité dans l'article de G. Amvane, « Enjeux et perspectives de la reconstruction de l'État malien », IRENEE, université de Lorraine, *Civitas Europa*, 2013/2, n° 31, p. 225.

110 *Ibid.* À/67/499 – S/2012/746, § 43.

111 https://www.conseil-constitutionnel.fr/nouveaux-cahiers-du-conseil-constitutionnel/entre-le-mali-et-la-france-echanges-constitutionnelsSite consulté le 22 mai 2022.

d'articles de la Constitution de la Ve République française, comme le rapporte Ismaïla Madior Fall : « [B]*ien nombreux sont les auteurs prompts à soulever le grief du "mimétisme", d'"imitation", d'"emprunt", de "décalque", de "décalcomanie", d'"import-export", de "transplantation"...* [112]». Nous suivons Jean du Bois de Gaudusson qui rappelle que « *l'existence d'influences et de modèles constitutionnels n'est pas nouvelle ; elle est consubstantielle à l'histoire des institutions*[113] », de sorte que nous réprouvons ce reproche perpétuel fait à l'Afrique, et à elle seule... Pour nous, le problème ne réside pas dans tel ou tel article, mais dans la capacité des Maliens à reconnaître l'autorité supérieure de l'État et à devenir des citoyens.

Une révision constitutionnelle ou une nouvelle Constitution ?

« *L'histoire, je le crains, ne nous permet guère de prévoir, mais, associée à l'indépendance d'esprit, elle peut nous aider à mieux voir* », écrit Paul Valéry dans *Variété IV*. Osons appliquer cette pensée à l'histoire constitutionnelle du Mali afin d'éviter de reproduire les erreurs qui expliquent en partie les échecs politiques du pays. Il faut rechercher la stabilité et sortir de la crise en adoptant une nouvelle Constitution, non une énième révision constitutionnelle, parce qu'il est illusoire d'espérer que le texte de 1992 soit ressuscité, et parce que la Constitution de la IIIe République est partiellement inadaptée aux réalités maliennes.

---

[112] I. M. Fall, « La construction des régimes politiques en Afrique : insuccès et succès », http://afrilex.u-bordeaux.fr/la-construction-des-regimes-politiques-en-afrique-insucces-et-succes/, 2014, notes 12 à 18, p. 2.

[113] J. du Bois de Gaudusson, « Le mimétisme postcolonial, et après ? », *Pouvoirs*, 2009/2, p. 48.

Par ailleurs, étant donné, nous l'avons dit, la subjectivité des révisions constitutionnelles, une question se pose : en pratique, où situer la frontière entre la simple révision et la mise en place d'une nouvelle Constitution ? Ainsi, peut-on parler d'un pouvoir constituant originaire dans le mécanisme de révision constitutionnelle ? Or, la transformation du pouvoir de révision en un pouvoir constituant originaire est problématique, car le principe de l'unicité conceptuelle constitue une limite au respect de l'État de droit. Autrement dit, on ne peut pas soutenir que le pouvoir de révision constitutionnelle pourrait conduire à l'écriture d'une nouvelle Constitution au regard du respect des exigences de l'État de droit. Cette confusion entre pouvoir de révision et pouvoir constituant originaire permet de mieux comprendre pourquoi les Présidents successifs, sous la IIIe République, ont eu autant de mal à conduire à son terme une procédure de révision de la Constitution. Notre conviction est que si ces révisions ont avorté, c'est d'une part à cause de leur nature, décidée par les présidents de la République et, d'autre part, en raison d'une confusion créée par l'importance plus ou moins grande des changements suggérés : tantôt ils ont conduit à réviser la Constitution, tantôt à la réécrire. Disons-le ici, la révision constitutionnelle comme solution de sortie de crises ne peut pas se présenter comme une compétition entre le pouvoir en place et l'opposition. D'ailleurs, la révision ne se fait pas sur le fondement de la longévité de la Constitution, comme d'aucuns l'affirment : elle s'impose au regard des circonstances. On ne peut finalement nier que la révision consiste dans la modification de la Constitution en vigueur et qu'elle ne peut pas avoir recours au pouvoir constituant dérivé. Mais l'échec des révisions constitutionnelles envisagées sous la IIIe République repose aussi sur le fait que les hommes politiques veulent profiter de la situation pour faire passer des amendements étrangers aux problèmes constitutionnels du moment.

Le renouvellement des hommes et des idées

Souvent, juristes et politiciens, influencés par la France et par l'Occident, pour des raisons historiques bien connues, n'ont pas jugé bon d'adapter leurs idées, surtout en matière de droit constitutionnel, les considérant comme des modèles quasi parfaits. Aussi nous semble-t-il indispensable que la pensée africaine se renouvelle : comme Ali Cissé, nous pensons que, « *en "libérant" la réflexion de nos intellectuels, de nos cadres et de nos décideurs, on aide aussi à "décoloniser" leur esprit, c'est-à-dire leur faire admettre que le monde ne se limite pas à la France*[114] ». L'alternance politique à la tête de l'État est de ce point de vue une donnée précieuse, en particulier dans les pays dirigés par les mêmes dictateurs tels le Cameroun ou la Guinée équatoriale depuis des décennies. Cela dit, en 1997, alors qu'il est candidat à un second mandat de président de la République du Congo, Pascal Lissouba déclare : « *Quand on est au gouvernement, on n'organise pas des élections pour les perdre.* » Aveu, sans doute, d'irrégularités commises pour empêcher le succès de son rival Denis Sassou-Nguesso, qui entraîne le triste constat que la succession de partis politiques au pouvoir ne modifie pas certaines pratiques et confirme la thèse d'Ismaïla Madior Fall pour qui le problème vient « *moins d'une question d'incompatibilité de régime* » et d'idées, « *que de l'incompatibilité d'hommes et de leur adhésion aux valeurs*

[114] A. Cissé, *op. cit.*, p. 122.

démocratiques[115] ». Pour contraindre les hommes, des choix forts en matière constitutionnelle sont donc selon nous nécessaires.

3. Des choix constitutionnels forts

Parvenu à ce point de notre démonstration, nous souhaitons proposer quelques idées pour rendre viable la nouvelle Constitution dont le Mali a besoin et qui pourraient régler certains des problèmes graves causés par des civils ou des militaires plus soucieux de leurs intérêts que de ceux de leurs concitoyens.

La religion et la politique

En 2010, un rapport de l'OCDE indique que la « *capacité de l'État à remplir ses fonctions clés et à fournir les services de base, dont les citoyens ont besoin et qu'ils ont raison d'exiger, est une source majeure de légitimité*[116] ». Or, l'échec passé et actuel de l'État malien dans ce domaine tient notamment, selon nous, à ce que dirigeants ont toujours cru que les Maliens reconnaissaient l'autorité de l'État et ont ainsi négligé la politique d'éducation à la citoyenneté, si bien que l'influence de la religion est restée très forte, même trop forte. Politique d'éducation à la citoyenneté et politique de laïcisation de la société devraient être constitutionnalisées. En effet, si la Constitution de 1992 retient le principe de laïcité, l'islam, car il est majoritaire, agit beaucoup sur la vie politique : en

---

[115] I. M. Fall, « La construction des régimes politiques en Afrique : insuccès et succès », p. 18, http://afrilex.u-bordeaux.fr/wp-content/uploads/2021/03/La_construction_des_regimes_politiques.pdf

[116] Rapport global 2010, OCDE, *in* A. Moine, *op. cit.*, p. 72.

2009, Amadou Toumani Touré a renoncé à modifier le Code de la famille parce qu'elle s'oppose à la charia[117] ; en 2013, les chefs « *religieux maliens se sont divisés sur l'attitude à adopter* [...] *entre le soutien à un candidat ou la neutralité*[118] ». De même, comme l'indique Mirjam Tjassing, « *le politicien qui a perdu toute crédibilité sait qu'une consigne de vote à la mosquée vaut mille fois plus qu'un programme politique*[119] ». Il arrive même que cette influence s'accroisse et dérive tout à fait quand l'État a failli : « [L]*a progression de la radicalisation de l'islam en Afrique est due, entre autres raisons, à la faiblesse de la performance des institutions démocratiques dans cette région*[120]. » Ces exemples révèlent l'emprise de la religion dans les consciences individuelles, les empêchant de libérer tout à fait leur pensée et de prendre en considération l'intérêt collectif.

Le choix d'une IVe République parlementaire

Instaurée en 1992, la IIIe République n'a pas pu contraindre les dirigeants successifs à gouverner correctement. Les hommes sont les premiers responsables de cet échec, mais le texte sur lequel elle s'appuie a aussi prouvé son insuffisance, c'est pourquoi nous pensons qu'un nouveau texte fondamental devrait écarter notamment les dispositions traitant du pouvoir exécutif et adopter un régime parlementaire original, prévu dans une IVe République, dont nous nous proposons d'évoquer certains traits.

---

[117] A. Moine, *op. cit.*, p. 77.
[118] *Ibid.*, p. 76.
[119] M. Tjassin, *Mali. Château de cartes. Témoignage d'une crise*, Bamako, La Sahélienne, 2021, p. 100.
[120] A. Moine, *op. cit.*, p. 75.

La Constitution malienne de la IIIe République est inadaptée au Mali. L'article 55 prévoit un exécutif bicéphale, c'est-à-dire une répartition des compétences entre le président de la République et le Premier ministre, chef du gouvernement. Si le Président assure la continuité de l'État et la stabilité des institutions, selon l'article 29, il dispose de compétences propres d'après l'article 51, et nomme le Premier ministre, conformément à l'article 38. Dans l'esprit du constituant, il ne doit pas gouverner directement, de sorte que c'est le Premier ministre qui « *dirige et coordonne l'action gouvernementale* » au sens de l'article 55. L'exercice du pouvoir exécutif dépend donc de la collaboration du chef de l'État et du chef du gouvernement. Le partage des compétences exécutives est prévu aussi par les articles 46, 53 et 54. Le Premier ministre détient des fonctions très importantes. Ainsi, il a seul la faculté d'engager la responsabilité politique du gouvernement devant l'Assemblée nationale, d'après l'article 78, afin de s'assurer du soutien de la majorité parlementaire. Son rôle est donc à la fois politique et juridique, car il protège la fonction présidentielle selon les aléas politiques. Personnage essentiel de l'équipe gouvernementale, il contribue à sa formation, en proposant au président de la République les membres qui la constitueront, et contresigne les décrets présidentiels de nomination. Par le biais de circulaires et de réunions interministérielles, il coordonne l'action du gouvernement pour en assurer l'unité. Il se situe à la croisée des pouvoirs, des organisations politiques et de la société civile. Principal collaborateur du président de la République, il peut le suppléer pour la présidence du Conseil des ministres et lui donner son avis concernant la dissolution de l'Assemblée nationale, la révision de la Constitution, ou l'application de pouvoirs exceptionnels. En outre, le Premier ministre est un interlocuteur privilégié de l'Assemblée nationale : par sa présence lors des questions au gouvernement et par ses discours devant les groupes parlementaires, il explique sa politique. Plus qu'un coordonnateur ou un « super-ministre » légitimant le travail de ses collègues, il dispose de pouvoirs normatifs : comme les députés, il jouit d'un pouvoir d'initiative législative sous forme de projets de lois délibérés en Conseil des ministres. Enfin, conformément à son statut de chef de l'administration de l'État, il possède un pouvoir réglementaire : l'exécution des lois est de son ressort et il peut prendre certains décrets qui déterminent leurs modalités d'application. Comme protecteur de la Constitution, il a le droit de saisir la Cour constitutionnelle pour s'assurer de la constitutionnalité d'une loi. Mais la pratique du pouvoir fait que le président de la République est le chef véritable de l'action gouvernementale en période normale : là est la limite principale de la Constitution de la IIIe République.

Plusieurs facteurs expliquent la transformation du régime semi-présidentiel en régime présidentiel : aux termes de l'article 39 de la Constitution, le président de la République préside le Conseil des ministres ; il nomme le Premier ministre et les membres du gouvernement au sens de l'article 38 ; et son élection au suffrage universel direct lui donne une légitimité écrasante. Par conséquent, si la Constitution attribue des fonctions importantes au Premier ministre, en fait, le Président a souvent des prérogatives constitutionnelles plus fortes. D'une manière générale, c'est le président de la République qui décide de tout ; il gouverne seul et il est irresponsable politiquement devant les députés, contrairement au gouvernement. Il conduit la politique du pays ; à l'Assemblée nationale, la majorité parlementaire et la majorité présidentielle se confondent. Aussi les Présidents ont-ils nommé à la primature leurs plus fidèles alliés afin de gouverner comme ils l'entendent et, au moment de crises sociopolitiques, afin de s'en servir comme des « fusibles » – parfois en vain, certains chefs de gouvernement refusant de soutenir l'idée d'un exécutif monocéphale. Toutefois, en période de crise politique, le Premier ministre n'est pas uniquement chef du gouvernement : il régule les relations entre les partis. Si certains Premiers ministres, tel Boubou Cissé (2019-2020), ont tenté de protéger le Président, d'autres lui ont fait concurrence dès leur nomination ; Moussa Mara (2014-2015) s'opposa par exemple au Président Ibrahim Boubacar Keïta. En tout état de cause, le Premier ministre sous la IIIe République n'exerce pas ses fonctions de la même façon en temps normal ou en période de transition politique : tantôt il apparaît comme un administrateur supérieur de l'institution présidentielle, car il ne gouverne pas et n'est pas le véritable chef de l'action gouvernementale ; tantôt il garantit la continuité et la stabilité de l'État, lui seul dirigeant le gouvernement, les pouvoirs du Président étant alors quasi honorifiques. L'instabilité gouvernementale et les tensions qui en résultent constituent un problème dont la solution réside, pensons-nous, dans l'association de deux régimes politiques.

En définitive, il est préférable qu'un Premier ministre dispose des pleins pouvoirs pour éviter la présidentialisation d'un régime semi-présidentiel risquant de provoquer un blocage institutionnel. Un régime parlementaire, assuré par une IVe République, est donc pertinent pour sortir de la crise. Il assurerait un rééquilibrage des institutions par son caractère original, adapté au Mali : révision des pouvoirs du président de la République tels qu'ils sont définis dans la

Constitution de 1992, mais maintien de son élection au suffrage universel direct, au regard des pouvoirs des autres institutions comme le Parlement. Pour cela, il faut recourir au pouvoir constituant populaire : le peuple et ses représentants doivent exercer leurs prérogatives et exercer leur souveraineté. La démocratie n'en serait que plus vivifiée.

La constitutionnalisation de principes éthiques

Des principes de bonne gouvernance gagneraient à entrer dans la Constitution : en premier lieu, l'accès des citoyens aux besoins de premières nécessités ; ensuite, l'impossibilité pour l'armée de s'immiscer, de son propre chef, dans la vie politique, sinon, la corruption est implicitement légalisée et la justice perd son indépendance. De ce point de vue, la création d'une Cour correctionnelle jugeant les détournements des biens publics et composée de juristes et de citoyens peut bien paraître banale, elle marquerait, symboliquement au moins, que le peuple est la priorité des dirigeants.

La limitation du mandat présidentiel

Nous l'avons vu plus haut à partir des exemples de la Guinée et de la Côte d'Ivoire, des chefs d'État parviennent de plus en plus à faire sauter le verrou constitutionnel de la limitation du nombre de mandats présidentiels. Il en résulte des dérives chroniques, telle la personnalisation du pouvoir. Préconiser le mandat présidentiel unique apparaît donc nécessaire face à ce constat assez désespérant, encore, que les jeunes démocraties africaines, pour être consolidées, ont besoin d'un encadrement rigoureux qui prévoit, en quelque sorte, la confiscation du pouvoir pour quiconque l'a déjà exercé une fois. Le bien-fondé de cette thèse suscite naturellement le débat. Pour certains universitaires, il n'a même pas lieu d'être, parce que les tensions que soulèvent les élections présidentielles tiennent davantage de l'irrégularité des scrutins que de la réélection d'un Président. C'est là un faible argument, selon nous, au vu du cas de la Guinée : porté au pouvoir deux fois, conformément aux règles démocratiques, Alpha Condé a fini par violer la Constitution pour rester au pouvoir, après avoir gouverné dix ans son pays. Ce sujet est donc tout à fait digne d'intérêt. Rappelons ainsi que, pendant l'Antiquité, à Athènes et à Rome, les charges étaient annuelles et que, de nos jours, nombre de citoyens approuvent le mandat unique au point que les candidats à l'élection présidentielle en font une promesse de campagne. Il faut donc concrétiser cette idée en l'inscrivant dans la Constitution future du Mali pour les raisons suivantes.

Ce qui manque le plus au Mali, ce sont des hommes politiques dévoués, désintéressés par leur carrière publique. L'exercice d'un mandat unique de Président découragerait une partie d'entre eux et, en tout cas, les empêcherait, une fois en place, de trouver les expédients pour demeurer à leur poste. S'ensuivrait ainsi une indispensable rotation des élites et la paix sociale comme la bonne gouvernance s'en porteraient mieux. En outre, le mandat présidentiel unique renforcerait les partis et stimulerait la démocratie et le débat d'idées, certaines forces politiques accédant au pouvoir pendant que les autres y renonceraient momentanément pour entrer dans l'opposition. De plus, le Président sortant ne tirerait pas avantage du faible taux de participation des citoyens lassés du manque d'offre politique. Là encore, la démocratie s'en trouverait vivifiée. Bien sûr, le mandat présidentiel non renouvelable pourrait inciter le Président à se choisir un successeur, sauf si les élections législatives sont organisées au même moment, ou à modifier la Constitution, comme nous l'avons déjà expliqué. En ce domaine, il ne faut pas sous-estimer l'importance du contrôle des lois révisant la Constitution.

Le contrôle des lois révisant la Constitution

Le risque est grand qu'un dirigeant que le pouvoir obsède détourne la Constitution pour son propre intérêt. Comme l'a écrit Stéphane Bolle, « *le législateur constitutionnel peut user et abuser de son large pouvoir discrétionnaire pour changer la Constitution post-autoritaire et revenir sur certains des acquis d'un jeune État de droit démocratique*[121] ». Aussi, même s'il « *ne garantit pas nécessairement contre l'abus du pouvoir de révision*[122] », les Conseillers assurent-ils le contrôle des lois révisant la Constitution. Si, jusqu'à présent, ce sujet ne fait plus l'objet de débats au Mali, puisque l'autosaisine est une compétence des juges constitutionnels, en France, les discussions continuent. Parce que, en ce domaine au moins, nous pensons que l'Afrique francophone s'est en quelque sorte émancipée du modèle constitutionnel français de la Ve République en trouvant un moyen juridique de protéger la loi fondamentale, nous tenons maintenant à rappeler les arguments principaux des tenants et des opposants au contrôle des lois révisant la Constitution. Certes, cet examen « *charrie bien des illusions* » – il suffit de voir la passivité des juges dès le lendemain du premier coup d'État du 18 août 2020 : l'Acte fondamental et la Charte ont été appliqués sans

[121] S. Bolle, *op. cit.*, p. 260-261.
[122] *Ibid.*, p. 258.

contestation des Sages –, mais, comme garde-fou, il prouve que le Mali est capable de se doter d'instruments rendant viables ses institutions et que son avenir constitutionnel doit être envisagé avec un certain optimiste, en dépit des échecs qu'il a rencontrés et des difficultés qu'il aura à surmonter. C'est la raison pour laquelle la IVe République que nous souhaitons doit maintenir le contrôle des lois modifiant la Constitution.

Il est rare qu'une Constitution en Afrique noire francophone attribue expressément la compétence d'un contrôle de la constitutionnalité des lois révisant la Constitution au juge constitutionnel[123]. D'ailleurs, même quand ce droit leur est reconnu, certains juges constitutionnels africains refusent de contrôler le Parlement constituant[124]. Le Conseil constitutionnel sénégalais[125] s'est ainsi déclaré incompétent pour vérifier la conformité des normes révisant la Constitution. Ailleurs, au contraire, des magistrats ne disposant pas de ce droit révisent la Constitution sur le principe de l'auto-habilitation[126]. C'est dans cet esprit que Abdoulaye Soma soutient que « *le contrôle de constitutionnalité des lois constitutionnelles participera de l'épanouissement juridique et démocratique des États africains,*

---

[123] Voir sur ce point les analyses avancées par B. Coulibaley, « Apologie du contrôle prétorien des lois de révision constitutionnelle », *in* A. Kpodar *et alii*, *Varias autour du droit public, Mélanges en l'honneur du Professeur Ahadzi-Nonou*, Poitiers, PUJP, 2019, p. 841-883.

[124] M. Bléou, « La question de l'effectivité de la suprématie de la Constitution. À propos des poches de résistance au contrôle juridictionnel de constitutionnalité des lois en France et dans les États africains de succession française », *op.cit.*, p. 47-55.

[125] M. Bléou, « Le juge constitutionnel et les révisions constitutionnelles », *op. cit.*, p. 235.

[126] S. Bolle, *op. cit.*, p. 265-269.

de leur stabilité constitutionnelle et politique, toutes choses qui sont préalables à tout développement. C'est pourquoi il convient de généraliser ce contrôle dans ces États[127] » pour qu'« *une révision liberticide ou présidentialiste contrevienne aux commandements exprès du pouvoir constituant originaire*[128] ». Deux points de vue se confrontent donc.

Les opposants au contrôle justifient leur thèse au moyen de trois arguments. Le premier d'entre eux fait du contrôle de constitutionnalité une limite à la démocratie[129]. Le deuxième repose sur la peur que le juge, par ce droit qui lui est donné, n'usurpe le pouvoir constituant[130] et que s'installe, alors, une sorte de concurrence entre l'État de droit constitutionnel et la théorie démocratique. Le troisième, enfin, est celui de « *la souveraineté illimitée du pouvoir de révision*[131] ». Ces idées sont contredites par les tenants du contrôle de constitutionnalité qui affirment, premièrement, que, d'après le concept de l'État de droit constitutionnel, le principe d'un contrôle des lois de révision correspond aux fonctions contemporaines du juge constitutionnel[132] et qu'il faut relativiser la crainte que ce contrôle ne se transforme en

---

[127] A. Soma, « Le contrôle de constitutionnalité des lois constitutionnelles en Afrique noire francophone », in *Revue suisse pratique juridique actuelle*, n° 5, 2011, p. 640.

[128] S. Bolle, *op. cit.*, p. 265.

[129] Voir sur ce point B. Cissé, *op. cit.*, p. 151 *sq.*

[130] Voir les analyses avancées par J.-P. Camby, *op. cit.*, p. 671-688, et voir les arguments contraires dans B. Cissé, *op. cit.*, 302 p.

[131] A. Soma, *op. cit.*, p. 627.

[132] X. Magnon, « La puissance et la représentation, l'État et le citoyen : quel est le fondement de l'autorité de la norme constitutionnelle de la jurisprudence du juge constitutionnel ? », *in* S. Mouton, *Le régime représentatif à l'épreuve de la justice constitutionnelle*, « Grands Colloques », LGDJ, 2016, p. 258.

un gouvernement illégitime des juges[133]. Deuxièmement, la Déclaration des droits de l'homme et du citoyen justifie implicitement le bien-fondé de cette mesure. En effet, en disposant que « [t]*oute société dans laquelle la garantie des droits n'est pas assurée, ni la séparation des pouvoirs déterminée, n'a point de Constitution*[134] », elle sacralise la séparation des pouvoirs et la garantie des droits fondamentaux[135]. Ceux-ci apparaissant donc comme des limites au pouvoir du constituant, originaire ou dérivé[136], il faut vérifier, au moyen d'un contrôle, qu'ils restent écrits dans le texte modifiant la Constitution. Cette question suscite certes des réserves : certains considèrent que « *la fondamentalité des droits de l'homme*[137] » n'implique pas forcément l'admission d'un contrôle des lois de révision par le juge[138]. Cependant, la remise en cause des droits fondamentaux peut constituer le

---

[133] M. Bléou, *op. cit.*, p. 235.

[134] Voir l'article 16 de la Déclaration des droits de l'homme et du citoyen du 26 août 1789.

[135] Voir H. Rabault, « La clause d'éternité : la recevabilité des recours contre les lois de révision constitutionnelle », in *LPA*, 30 août 2004, n° 173, p. 3.

[136] Pour appréhender une telle question, voir les analyses avancées par Meindl Théodore, « La notion de droit fondamental dans les jurisprudences et doctrines constitutionnelles françaises et allemandes », thèse de doctorat, *LGDJ*, 2003, p. 395-466.

[137] « *La fondamentalité est la qualité substantielle inhérente à une norme. Elle ne se fonde pas forcément sur la valeur constitutionnelle formelle de la norme, mais sur sa valeur substantielle ou axiologique, telle que le juge la conçoit* », Sabete W., *Pouvoir de révision et droits fondamentaux. Études des fondements épistémologiques et européens de la limite matérielle du pouvoir constituant dérivé*, Rennes, PUR, 2005, p. 181.

[138] Voir les analyses avancées par D. Maillard Desgrées du Loû, « Le pouvoir constituant dérivé reste souverain », in *RDP*, 2003, p. 725-739.

« *produit déclencheur*[139] » d'un contrôle de constitutionnalité des lois de révision[140] au nom de leur caractère inviolable[141]. Troisièmement, l'État de droit[142] étant « *un État soumis au droit par le processus d'auto-obligation*[143] », tout contentieux doit pouvoir trouver une issue devant le gardien juridictionnel de la Constitution[144] ; par ailleurs, l'État de droit respectant deux exigences[145], « *d'un côté la sécurité juridique, et d'un autre côté la démocratie*[146] », le contrôle de constitutionnalité des actes du pouvoir de révision permet d'affermir le principe de l'État de droit[147], car ce dernier, comme l'affirme Jacques Chevallier, exprime « *une volonté de renforcement de la juridicité d'un État entièrement coulé dans le moule du droit*[148] ». Par conséquent, le principe de la limitation du pouvoir de révision est une composante de

---

139 Ce terme a été utilisé par Savonitto Florian, « Les discours constitutionnels sur la "violation de la Constitution" sous la Ve République », thèse de doctorat, *LGDJ*, 2013, p. 342.

140 Voir les analyses avancées par Ph. Blachèr, *op. cit.*, p. 541.

141 Voir O. Beaud, « Malaise dans la Constitution », in *Libération*, le 2 décembre 1993, p. 7.

142 Voir D. Rousseau, « L'État de droit est-il un État de valeurs particulières ? », in *Mélanges en l'honneur de Pierre Pactet : L'esprit des institutions, l'équilibre des pouvoirs*, Dalloz, 2003, p. 885.

143 Voir A. Soma, *op. cit.*, p. 636.

144 M.-J. Redor, *De l'État légal à l'État de droit. L'évolution des conceptions de la doctrine publiciste française (1879-1914)*, Paris, Économica, PUAM, 1992, p. 291.

145 Th. Debard, *Dictionnaire de droit constitutionnel*, Ellipses, 2e éd., 2007, p. 180.

146 A. Soma, *op. cit.*, p. 636.

147 L'État de droit vise à instaurer ce que Montesquieu appelait un « *gouvernement limité* » – et que l'on appelle aujourd'hui « *un gouvernement constitutionnel* », c'est-à-dire l'État de droit constitutionnel.

148 Voir par exemple J. Chevallier, *L'État de droit*, Montchrestien, 2017, p. 11.

l'État de droit[149]. Ce dernier court le risque d'être mis à mal si rien ne sanctionne la violation des limites à la révision constitutionnelle[150]. C'est sans doute la raison pour laquelle le contrôle est couramment pratiqué en Allemagne, en Italie, en Inde, en Autriche, en Afrique du Sud, au Bénin...[151] Convenons donc, avec Abdoulaye Soma, que « *le contrôle de la constitutionnalité des lois constitutionnelles peut être expressément autorisé par la Constitution, ou à défaut par le juge constitutionnel*[152] » et que le principe de la souveraineté du pouvoir constituant dérivé ne peut pas être « *un obstacle imparable au contrôle des révisions constitutionnelles*[153] ». Toutefois, comme l'a démontré Georges Vedel, ce contrôle n'est légitime que si le dernier mot appartient au pouvoir constituant, originaire ou dérivé. En définitive, l'instauration d'un contrôle juridictionnel des lois de révision de la Constitution doit être perçue comme un élément déterminant du passage d'un État de droit à un État de droit

---

[149] Sur la notion de l'État de droit, voir les travaux de L. Heuschling, *État de droit – Rechtsstaat – Rule of Law*, « Nouvelle Bibliothèque de thèses », Paris, Dalloz, 2002, p. 739.

[150] Voir en ce sens les constatations sur les sources théoriques de la sacralisation des décisions du peuple, ou celles de ses représentants, faites par M. Fatin-Rouge Stéfanini, *Le contrôle du référendum par la justice constitutionnelle*, « Droit public positif », Économica, PUAM, 2004, p. 43.

[151] N. Akacha, « Les techniques de participation du juge constitutionnel à la fonction constituante », in *Droit constitutionnel normatif : Développements récents*, sous la direction de R. Ben Achour, Bruxelles, Bruylant, 2009, p. 123.

[152] A. Soma, « La souveraineté du pouvoir constituant et le contrôle de constitutionnalité des lois constitutionnelles », in *Annales de l'université de Ouagadougou*, série B, vol. 4, décembre 2012, p. 452.

[153] *Ibid.*, p. 461.

constitutionnel, car « *des révisions généralement régressives*[154] » en Afrique noire francophone se multiplient.

Les accords d'Alger et la décentralisation de l'État

À la liste des causes de l'instabilité du Mali – manque d'instruction de la population, corruption et mauvaise gouvernance, Constitution inadaptée... – s'ajoutent les revendications des Touareg, vivant surtout dans le Nord. Représentant 10 % de la population, dispersés dans quatre autres pays – l'Algérie, la Libye, le Niger et le Burkina Faso –, ils se rebellent plusieurs fois à partir de l'indépendance, victimes d'une « *forte marginalisation politique et économique* » et de « *la négligence de l'État à l'égard de son nord, sans guère de politique de développement, sans intégration des Touareg dans les corps en uniforme de l'État, sans véritable représentation politique dans les organes de gouvernement*[155] ». En 1980, certains Touareg, par dépit, rejoignent l'armée de Mouhamar Kadhafi, espérant « *préparer l'avènement de la république touareg* »[156]. En 1991, les accords de Tamanrasset rétablissent une paix fragile après des combats menés par les rebelles touareg. Mais ceux-ci reprennent les armes entre 2006 et 2009 ; et, en 2011, ils créent le Mouvement national de libération de l'Azawad (MNLA). Après le renversement du dictateur libyen par la France et le Royaume-Uni agissant avec l'accord du Conseil de sécurité

---

[154] Voir les analyses avancées par A. Soma, « Le contrôle de constitutionnalité... », *op. cit.*, p. 631-636.

[155] P. Boilley, « Nord-Mali : les frontières coloniales de l'Azawad », 2019, p. 12.

[156] M. Dayak, *Touareg, la tragédie*, Lattès, 1992, p. 84, cité dans B. Sierpinski, « La légalité internationale de la sécession touareg au Nord du Mali », 2013, p. 24.

de l'ONU, des djihadistes touareg originaires du Mali reviennent dans leur pays. Ils grossissent alors les rangs du MNLA qui, aidé de groupes islamistes et de milices locales arabes[157], soumet tout le Nord du pays et proclame l'indépendance de l'Azawad le 6 avril 2012[158]. Le pays est scindé en deux. Cependant, sur ce sujet notamment, l'unité des combattants touareg n'existe pas, car certains d'entre eux, tels les islamistes d'Ansar Dine, ne s'associent pas à la déclaration d'indépendance, seule l'application de la charia comptant à leurs yeux. Dès 2013, l'armée française rétablit un temps la paix, mais Touareg et islamistes, qui se sont désunis, recouvrent leurs forces, si bien que des négociations ont lieu. En 2015, elles aboutissent à l'accord d'Alger. Bamako continue toutefois d'ignorer une partie de ses engagements, notamment la distribution d'aides financières ; les tensions demeurent. Il est dès lors évident que la « *crise malienne risque de se prolonger tant que la question des Touareg du Mali ne sera pas réglée*[159] ». Pour Nicolas Normand, il faut que la décentralisation voie le jour mais que Bamako maintienne son pouvoir sur tout le Mali[160]. Cette mesure suffit-elle aux Touareg ? En 2012, l'association mondiale tamazigh ne demande certes plus l'accession de l'Azawad à

---

[157] https://geopolis.francetvinfo.fr/philippe-leymarie-sur-les-causes-de-la-guerre-au-mali-11923, cité dans B. Sierpinski, « La légalité internationale de la sécession touareg au Nord du Mali ? », p. 28.

[158] P. Boilley, « Nord-Mali : les frontières coloniales de l'Azawad », 2019, p. 13.

[159] B. Sierpinski, *op. cit.*, p. 33.

[160] N. Normand, interview donnée à RP Medias le 31 janvier 2022. https://www.youtube.com/watch?v=w8xsvd4DNIk Site consulté en juin 2022.

l'indépendance [161]– de toute façon, d'après le droit international, elle n'est possible que dans le cas de la décolonisation[162] –, mais son autonomie dans le cadre d'un État fédéral malien.

Une armée républicaine et moderne

Parmi les problèmes à résoudre pour qu'une nouvelle Constitution se perpétue, l'état calamiteux des forces maliennes. Un reportage édifiant diffusé sur LCP Assemblée nationale[163] met au jour la corruption d'une partie de l'armée. Il révèle que des officiers radient des sous-officiers afin de récupérer leur solde pour se faire construire de grandes maisons dans le camp de Kati. De faux bulletins de salaire, émis par le commissariat des armées, permettent l'enrichissement de gradés, qui empochent la différence des sommes déclarées et celles réellement versées aux soldats. Interrogé par les journalistes réalisant le documentaire, Denis Tull, spécialiste du Sahel, rapporte que, d'après l'Union européenne, 40 % des salaires ne parviendraient jamais aux militaires. Sur le terrain, les hommes souffrent du manque de moyens causé par le détournement des fonds destinés pourtant à la sécurisation du pays. Un sergent-chef fait part de son expérience : « *Pour un mois de patrouille, avec un effectif de vingt personnes, vous vous retrouvez avec sept armes*

---

[161] Propos rapporté par Ch. Kokalla Maïga et I. Ahmadou Singaré, *Les Rébellions au Nord du Mali, Des origines à nos jours*, Bamako, Édis, 2018, p. 383.

[162] B. Sierpinski, *op. cit.*, p. 22.

[163] P. Bruguière et M. Rabaud, *Mali, les sacrifiés du Sahel*, coproduction : BABEL DOC/ LCP-Assemblée nationale, 2021, https://www.youtube.com/watch?v=acDS7VId3QE Site consulté le 5 février 2022.

que vous vous échangez [...] et soixante balles. » Les djihadistes attaquent les soldats maliens, incapables de se défendre, et, par conséquent, de contrer l'avancée islamiste. Comment alors penser que l'armée peut résoudre les problèmes du pays ? Sur les neuf présidents qui se sont succédé au Mali, six étaient des soldats, et quelle évolution le pays a-t-il connue grâce à eux ? Mais les civils eux-mêmes sont responsables de la situation. Comme l'indique Marc-André Boisvert, en dépit de l'aide apportée par l'Union européenne, dans le cadre de la Mission de formation de l'Union européenne au Mali, pour réformer l'administration militaire, « *on peut se demander s'il n'y a pas une réticence plus politique* » à régler le problème de la corruption de l'armée. Il n'y a donc pas loin de penser que l'accointance entre civils et militaires permet des arrangements qui nuisent à l'État. L'armée tout entière devrait enfin respecter une éthique, c'est-à-dire la « *neutralité politique et donc un refus catégorique d'être utilisée par les politiciens dans des situations purement politiques ou internes dont la résolution relève mieux de la compétence des forces de défense civiles, voire des cours de justice*[164] ». Il est manifeste, donc, que la viabilité de toute Constitution est notamment conditionnée au rôle des militaires et à leur respect des valeurs républicaines. Comme le souligne Nicolas Normand, encore, le Sénégal n'a jamais subi de coup d'État militaire, parce que l'armée et les gouvernements successifs se font confiance[165]. C'est l'objectif principal que les gouvernants devraient chercher à atteindre. De la sorte, l'État ne

---

[164] I. K. Souaré, *Guerres civiles et coups d'État en Afrique de l'Ouest*, Paris, L'Harmattan, 2007, p. 139.

[165] N. Normand, « L'avenir de l'Afrique subsaharienne », Table ronde du 11 juin 2019. https://www.youtube.com/watch?v=A3StlqoOqO4 Site consulté le 5 février 2022.

renoncerait plus à lui confier les missions régaliennes qui devraient lui être dévolues, telle la sécurité. La faveur relative, mais réelle, d'une partie de la population du Nord du Mali pour les islamistes se comprend donc facilement, puisqu'eux seuls leur assurent un certain ordre, même si c'est au détriment de la liberté notamment[166].

Désormais, les citoyens ne peuvent accorder leur confiance qu'aux civils, les seuls capables, par leur formation, à restaurer la bonne gouvernance, à appliquer les réformes administratives, sociales, économiques et judiciaires nécessaires, et à faire adopter une nouvelle Constitution.

La participation du peuple

Les très fortes critiques contre le système représentatif justifient elles aussi de refonder la démocratie malienne. L'idée d'une métamorphose démocratique ne peut se faire sans la participation et la consultation des citoyens : la bonne gouvernance en dépend. En effet, la représentation ne saurait se réduire au système des partis politiques. Il faut donc en finir avec les accords et les alliances de circonstance qui transforment la République en un cercle d'amis. Ajoutons aussi le nécessaire retour de la confiance entre gouvernants et gouvernés, aujourd'hui perdue à cause du faible taux de participation aux élections. Par ailleurs, si l'armée est bien la cause principale du séisme politique, la délégation des pouvoirs au sommet de l'État empêche toujours elle aussi le développement du pays. Par conséquent, le renouveau de la démocratie malienne tient aussi du rôle qu'il faut accorder au peuple, à la fois référent du système représentatif et contre-pouvoir structurel aux abus. De même, la fin du

---

166 *Ibid.*

parlementarisme, soumis à l'exécutif, est indispensable, car les gouvernés ne se reconnaissent plus dans leur Assemblée nationale, qui ne représente que ses propres intérêts. Somme toute, l'établissement de la bonne gouvernance ne procède que des Maliens eux-mêmes, car eux seuls sont responsables de la situation qui perdure depuis l'indépendance. C'est un cliché de le dire, mais la vérité est parfois banale. Chercher ailleurs des coupables à l'enlisement du pays dans le chaos est une erreur. C'est en se remettant en question que les Maliens marqueront le point de départ de leur reconstruction. Accepter ainsi une politique démographique sévère permettrait une avancée d'envergure : avec plus de six enfants par femme, le Mali doit contrôler le nombre de naissances pour prospérer.

Un garde-fou sur le plan international ?

Topanou Prudent Victor expose une idée originale dans un article paru le 10 février 2022 sur le site du journal *Banouto*. Analysant les coups d'État militaire qui se sont succédé en Afrique de l'Ouest depuis 2020 et les réactions populaires généralement favorables qu'ils ont suscitées, il propose une « *formalisation du droit international de la transition militaire*[167] », constatant que l'échec continu des civils à développer leurs pays respectifs entraînera encore des putschs. Précisons que Monsieur Victor affirme ne pas encourager les militaires à prendre le pouvoir : « *L'initiative d'un droit international de la transition militaire peut apparaître comme une apologie des coups d'État mais il n'en est*

[167]https://www.banouto.bj/article/politique/20220210-afrique-de-l-ouest-victor-topanou-suggere-la-formalisation-des-transitions-militaires Site consulté en mai 2022.

rien. [...] [E]*lle intègre leur existence et tente au mieux de les décourager en les rendant difficilement réalisables comme une dissuasion, une épée de Damoclès sur la tête des gouvernants civils qui n'auront pas d'autre choix que de bien faire* [...] », car, dans le cas contraire, l'armée, selon un cadre précis, aurait toute légitimité pour prendre le pouvoir. Cependant, cette proposition de créer un contre-pouvoir fort à la gouvernance souvent calamiteuse – il est vrai ! – des civils est selon nous particulièrement dangereuse, étant donné qu'elle risque d'inciter des officiers à rester ou à s'installer pour longtemps à la tête d'États africains. En effet, elle repose sur le parti pris naïf de la vertu de l'armée, corrompue pour l'essentiel, nous l'avons vu, sur une analyse erronée des relations entre les civils et les militaires, et sous-estime l'importance du renforcement des garde-fous qui peuvent limiter l'instabilité des États d'Afrique de l'Ouest. L'objectif principal qui devrait être celui des gouvernants et que Monsieur Victor ferait bien de promouvoir est que les Maliens reconnaissent l'autorité de l'État, autrement dit, qu'ils deviennent de véritables citoyens, et on ne verrait plus des femmes et des hommes en arriver à soutenir les islamistes pour assurer leur intégrité physique.

Si Monsieur Victor a bien raison de dénoncer les « *coups d'État civils* » perpétrés par des dirigeants africains, qui, par exemple, « *modifient à leur convenance les constitutions* » pour « *s'éterniser au pouvoir* », il ne doit pas se cacher que les différentes juntes agissent de la même façon. Il est impératif de trouver des moyens pour que les citoyens accordent de nouveau leur confiance aux civils et pour que ces derniers, une fois au pouvoir, ne craignent plus l'armée. Il faut en finir avec le débat qui oppose deux solutions simplistes au problème de l'instabilité des États africains, à savoir l'élection démocratique à tout prix, sans confrontation de projets politiques, et l'établissement de la sécurité, même par le recours aux régimes militaires. Nous pensons en effet qu'un programme politique reposant sur la bonne gouvernance, visant la maîtrise de la natalité et l'accès à l'éducation notamment, offrirait à l'État l'autorité que ne lui reconnaissent pas aujourd'hui certains peuples, au Mali en particulier. En ce sens, l'armée ne peut être d'aucun secours, nous l'avons dit, mais des garde-fous sont nécessaires : les organisations régionales – qui pâtissent, certes, de leur manque de légitimité, mais dont les préconisations sont louables – et la communauté internationale, qui devrait aider les armées, la police, la justice et les États à se consolider, comme l'affirme Nicolas Normand[168].

[168] *Ibid.*

Conclusion

Les colonels ont peur depuis le jour où, ayant quitté la garnison de Kati, ils se sont emparés du palais présidentiel, crime de lèse démocratie qui les a incités, un mois et demi plus tard, craignant un revers judiciaire, à prévoir, dans la Charte de la Transition, une mesure les amnistiant. Au premier abord, la mesure n'est rien de moins que révoltante, foulant aux pieds l'État de droit. Elle réjouit cependant les optimistes qui savent que cette peur est motivée, parce que le Mali recouvrera un jour le principe de justice et que les putschistes risquent d'être appelés à comparaître dans un tribunal, comme les dictateurs précédents. Mais les plus chagrins savent aussi que la justice est l'un des organes les plus malades et que, même en période démocratique, les dirigeants l'utilisent à mauvais escient. Au Mali, la qualité de la loi ne suppose pas – hélas ! – la qualité du système étatique. De même, les exemples africains de chefs d'État autoritaires, voire sanguinaires, sur lesquels la justice ne peut agir sont légion et renforcent malheureusement l'hypothèse que les membres de la junte peuvent aussi éviter la sanction suprême : s'il est condamné le 6 avril 2022 à la prison à perpétuité par des magistrats burkinabés pour l'assassinat de Thomas Sankara en 1987, Blaise Compaoré n'a plus rien à craindre parce qu'il a été naturalisé ivoirien en 2016 et parce qu'il réside à Abidjan. L'ancien homme fort de Gambie, Yahya Jammeh, profite également de la sérénité d'un asile doré, en Guinée équatoriale en l'occurrence, depuis qu'il a fui Banjul en 2017. De même, si la situation politique tournait mal pour eux, les anciens membres du Comité national pour le salut du peuple pourraient trouver refuge en Guinée, à la tête de laquelle s'est installé le capitaine Doumbouya, ou en Algérie, rares États qui les soutiennent, ou, plus vraisemblablement, en Russie, étant donné l'importance de Wagner au Mali. En tout cas, l'avenir des cinq officiers ne présente aucune perspective enviable. Dans une démocratie, les hauts responsables sortis de charge publient leurs mémoires, font part de leur expérience de gouvernement lors de conférences et continuent de peser, peu ou prou, en usant de leur influence. Mais le plus souvent, les ex-dirigeants d'une dictature militaire, quand ils ont échappé à la prison à vie, sont tenus de faire profil bas : Mobutu dut accepter les conditions humiliantes d'un exil au Maroc ; Bokassa fut contraint de gagner la France ; Ben Ali se résolut à rejoindre l'Arabie saoudite… La plupart du temps, ils sont eux-mêmes victimes de coups de force. Le 20 juillet 2021, un homme essaie de poignarder Assimi Goïta, un mois après que ce dernier a prêté serment comme président de la Transition. La contestation semble donc venir de l'extérieur, mais chacun sait que des crocodiles dans un même marigot n'ont pas de pitié les uns pour les autres. Malick Diaw n'aurait-il pas aimé jouer le premier rôle, lui qui participa au coup d'État d'Amadou Haya Sanogo en 2012 ? Et Sadio Camara ? Ne voulait-il pas mieux manipuler Assimi Goïta ? Souvent, il y a plus à craindre du cercle proche : en 1965, Jean-Bedel Bokassa renversait son cousin, le Président David Dacko ; en 1989, Idriss Déby échouait à écarter son ancien allié, Hissène Habré ; au Gabon, deux ex-beaux-frères, Ali Bongo et Jean Ping, ministres sous Omar Bongo, se disputaient la victoire de la présidentielle de 2016. Que ces exemples servent de leçon à la junte : le partenaire le plus proche n'est pas forcément le plus fiable ni le plus fort ; la guerre en Ukraine prouve que la Russie n'a plus la même grandeur. Enfin, si le régime pense garantir son avenir en se présentant aussi comme la victime de la Cédéao, de l'Union africaine et de la France qui lui renieraient sa souveraineté, il se trompe, car il s'isole toujours un peu plus et se durcit davantage. Cette succession de mauvais choix politiques annonce, à n'en pas douter, le début de la fin, mais, aussi, un énième recommencement, c'est-à-dire de nouveaux conflits, des espoirs déçus. Ainsi, le 6 juin 2022, en dépit d'une nouvelle tentative de médiation de la Cédéao, Assimi Goïta décrète-t-il la prolongation de la Transition de vingt-quatre mois. C'est la preuve que, tant que l'emportera le prestige de l'uniforme, la séduction des hommes en armes pour développer le Mali, l'échec est assuré. Faiblesse de l'esprit, preuve d'un « *à-plat-ventrisme* », comme l'écrit Maurice Kamto devant l'armée. Le Mali dispose, paradoxalement, de tout ce qu'il faut pour réussir : une Constitution, un peuple impliqué dans la vie démocratique, des richesses... Il manque cependant à une partie des Maliens cette envie de reconnaître l'autorité de l'État. Or, en ce domaine, l'aide internationale ne peut rien, pas plus que l'instauration de nouvelles normes : seule compte une prise de conscience individuelle et collective et l'œuvre du temps.

Annexes

1. Chronologie

22 septembre 1960	Indépendance du Mali.
1960-1968	Présidence de Modibo Keïta.
1968-1991	Dictature de Moussa Traoré, arrivé au pouvoir après un coup d'État militaire.
1991-1992	Coup d'État militaire d'Amadou Toumani Touré, qui laisse le pouvoir aux civils.
1992-2002	Alpha Oumar Konaré est élu puis réélu président de la République.
2002-2012	Amadou Toumani Touré est élu puis réélu président de la République.
2012	Coup d'État militaire d'Amadou Haya Sanogo, qui doit finalement rendre le pouvoir aux civils.
2012-2013	Dioncounda Traoré assure l'intérim de la présidence de la République.
2013-2020	Ibrahim Boubacar Keïta est élu puis réélu président de la République. En 2015, il signe les accords de paix d'Alger avec les islamistes du Nord du Mali.
Janvier-novembre 2019	Attaques sanglantes de milices ethniques et d'islamistes.
12 octobre 2019	La Cour constitutionnelle proroge la cinquième législature jusqu'à la fin du premier semestre 2019 ; le gouvernement permet aux parlementaires de siéger jusqu'en

	mai 2020, donc au-delà du terme fixé par les Conseillers.
30 avril 2020	Arrêt de la Cour constitutionnelle proclamant les résultats du deuxième tour des élections législatives.
5 et 9 juin 2020	Manifestations du M5-RFP demandant la démission d'IBK.
18 août 2020	Après un coup d'État, Assimi Goïta, à la tête du CNSP, prend le pouvoir.
19 août 2020	Ibrahim Boubacar Keïta doit démissionner de la présidence de la République.
20 août 2020	La Cédéao, l'ONU et la France dénoncent un coup d'État. La Cédéao fait fermer les frontières de ceux de ses États membres qui sont voisins du Mali.
24 août 2020	Publication de l'Acte fondamental.
12 septembre 2020	Publication de la première version de la Charte de la Transition.
21 septembre 2020	La junte désigne le colonel Bah N'Daw président de la Transition ; Moctar Ouane est nommé Premier ministre.
25 septembre 2020	Bah N'Daw entre en fonction en même temps qu'Assimi Goïta, qui accède à la vice-présidence de la Transition.
1er octobre 2020	Promulgation de la deuxième version de la Charte de la Transition au *Journal officiel.*

3 décembre 2020	Les noms des membres du CNT sont rendus publics
5 décembre 2020	Élection du colonel Malik Diaw à la présidence du CNT.
18 décembre 2020	Arrêt de la Cour constitutionnelle sur la conformité du règlement intérieur du CNT à la Constitution. Elle lui reconnaît la qualité de législateur.
Janvier 2021	Dissolution du CNSP.
11 février 2021	Le colonel major Ismaël Wagué, ministre de la Réconciliation nationale, annonce l'élaboration d'un avant-projet de Constitution au mois de juin 2021.
Avril 2021	Ismaël Wagué reconnaît l'absence de l'État dans certaines régions du Mali.
24 mai 2021	Deuxième putsch d'Assimi Goïta, qui écarte Bah N'Daw et Moctar Ouane.
28 mai 2021	Arrêt de la Cour constitutionnelle qui reconnaît la supériorité de la Charte de la Transition sur la Constitution et convient alors que le vice-président, Assimi Goïta, au vu de la vacance de la présidence, est le chef de l'État.
7 juin 2021	La Cour constitutionnelle ayant constaté la vacance de la présidence, Assimi Goïta prête serment comme président de la Transition. Il déclare que des « *élections générales* » seront organisées « *dans des délais*

	raisonnables ». Choguel Maïga accède à la Primature.
30 juillet 2021	Choguel Maïga présente le « *Plan d'action du gouvernement* » (PAG) et annonce, pour le mois de septembre, la tenue des « *Assises nationales de la Refondation* » (ANR).
18 août 2021	Discours d'Assimi Goïta, un an après le coup d'État.
23 août 2020	Assimi Goïta déclare vouloir « *faire une transition de trois ans pour revoir les fondements de l'État malien* ».
Septembre 2021	Report des ANR aux mois d'octobre et de novembre 2021.
Novembre 2021	Report des ANR au mois de décembre 2021.
Octobre 2021	Issa Kaou N'Djim, vice-président du CNT, est emprisonné pour avoir tenu des « *propos subversifs* ».
Fin 2021	La junte signe un accord avec le groupe paramilitaire russe Wagner, qui intervient dès lors au Mali.
30 décembre 2021	Les ANR concluent notamment à la prolongation de la Transition.
21 février 2022	Adoption des modifications de la Charte qui prévoit, notamment, la suppression de la vice-présidence. La Transition est prolongée de 24 mois au moins.
Avril 2022	La junte accuse la France d'avoir creusé un charnier, à Gossi ; en réalité,

le groupe Wagner est à l'origine de la machination.

6 juin 2022 Par un décret d'Assimi Goïta, la Transition est prolongée de 24 mois.

2. Acte fondamental du 24 août 2020

ACTE FONDAMENTAL N° 001/CNSP
DU 24 AOUT 2020
LE COMITE NATIONAL POUR LE SALUT DU PEUPLE,
PRÉAMBULE :

Se fondant sur la Constitution du 25 février 1992 ;

Considérant le caractère populaire des événements du 18 août 2020 ayant conduit à la démission du Président de la République Monsieur Ibrahim Boubacar KEITA ;

Considérant le combat pour la reprise du pouvoir par le Peuple ;

Considérant la dissolution de l'Assemblée Nationale ;

Considérant la démission du Gouvernement ;

Considérant la contribution et le comportement patriotique et républicain des Forces de Défense et de Sécurité qui assurent la continuité du pouvoir d'État ;

Considérant notre attachement aux valeurs et principes démocratiques tels qu'inscrits dans la Charte africaine de la Démocratie, des élections et de la Gouvernance du 30 janvier 2007 de l'Union africaine et dans le Protocole A/SP1/12/ 01 du 21 décembre 2001 de la CEDEAO sur la démocratie et la bonne gouvernance ;

Considérant la nécessité de fixer l'organisation provisoire des pouvoirs publics et de jeter les bases d'un État de droit respectueux de l'ensemble des droits et libertés de l'Homme et du Citoyen malien ;

Considérant la déclaration du 19 août 2020 portant création du Comité national pour le Salut du Peuple ;

Conscient de l'urgence de doter le Mali d'organes de transition pour la conduite des affaires publiques ;

Adopte le présent Acte dont la teneur suit :

TITRE PREMIER : DES DROITS ET DEVOIRS DE LA PERSONNE HUMAINE

Article 1er : La personne humaine est sacrée et inviolable. Tout individu a droit à la vie, à la liberté, à la sécurité et à l'intégrité de sa personne.

Article 2 : Tous les Maliens naissent et demeurent libres et égaux en droits et en devoirs. Toute discrimination fondée sur l'origine sociale, la couleur, la langue, la race, le sexe, la religion et l'opinion politique est prohibée.

Article 3 : Nul ne sera soumis à la torture, ni à des sévices ou traitements inhumains, cruels, dégradants ou humiliants. Tout individu, tout agent de l'État qui se rendrait coupable de tels actes, soit de sa propre initiative, soit sur instruction, sera puni conformément à la loi.

Article 4 : Toute personne a droit à la liberté de pensée, de conscience, de religion, de culte, d'opinion, d'expression et de création dans le respect de la loi.

Article 5 : L'Etat reconnaît et garantit, dans les conditions fixées par la loi, la liberté d'aller et venir, le libre choix de la résidence, la liberté d'association, de réunion, de cortège et de manifestation.

Article 6 : Le domicile, le domaine, la vie privée et familiale, le secret de la correspondance et des communications sont inviolables. Il ne peut y être porté atteinte que dans les conditions prévues par la loi.

Article 7 : La liberté de presse est reconnue et garantie. Elle s'exerce dans les conditions fixées par la loi. L'égal accès pour tous aux médias d'Etat est assuré par un organe indépendant dont le statut est fixé par une loi organique.

Article 8 : La liberté de création artistique et culturelle est reconnue et garantie. Elle s'exerce dans les conditions fixées par la loi.

Article 9 : La peine est personnelle. Nul ne peut être poursuivi, arrêté ou inculpé qu'en vertu d'une loi promulguée antérieurement aux faits qui lui sont reprochés. Tout prévenu est présumé innocent jusqu'à ce que sa culpabilité soit établie par la juridiction compétente. Le droit à la défense, y compris celui de se faire assister par l'avocat de son choix est garanti depuis l'enquête préliminaire.

Article 10 : Toute personne faisant l'objet d'une mesure privative de liberté a le droit de se faire examiner par un médecin de son choix. Nul ne peut être détenu dans un établissement pénitentiaire que sur mandat délivré par un Magistrat de l'ordre judiciaire.

Article 11 : Tout ce qui n'est pas interdit par la loi ne peut être empêché et nul ne peut être contraint de faire ce qu'elle n'ordonne pas.

Article 12 : Nul ne peut être contraint à l'exil. Toute personne persécutée en raison de ses convictions politiques ou religieuses, de son appartenance ethnique, peut bénéficier du droit d'asile en République du Mali.

Article 13 : Le droit de propriété est garanti. Nul ne peut être exproprié que pour cause d'utilité publique et contre une juste et préalable indemnisation.

Article 14 : La liberté d'entreprise est garantie dans le cadre des Lois et règlements en vigueur.

Article 15 : Toute personne a droit à un environnement sain. La protection, la défense de l'environnement et la promotion de la qualité de la vie sont un devoir pour tous et pour l'État.

Article 16 : En cas de calamité nationale constatée, tous les citoyens ont le devoir d'apporter leur concours dans les conditions prévues par la loi.

Article 17 : L'éducation, l'instruction, la formation, le travail, le logement, les loisirs, la santé et la protection sociale constituent des droits reconnus.

Article 18 : Tout citoyen a droit à l'instruction. L'enseignement public est obligatoire, gratuit et laïc. L'enseignement privé est reconnu et s'exerce dans les conditions définies par la loi.

Article 19 : Le droit au travail et au repos est reconnu et est égal pour tous. Le travail est un devoir pour tout citoyen mais nul ne peut être contraint à un travail déterminé que dans le cas d'accomplissement d'un service exceptionnel d'intérêt général, égal pour tous dans les conditions déterminées par la loi.

Article 20 : La liberté syndicale est garantie. Les syndicats exercent leurs activités sans contrainte et sans limites autres que celles prévues par la loi.

Article 21 : Le droit de grève est garanti. Il s'exerce dans le cadre des lois et règlements en vigueur.

Article 22 : La défense de la patrie est un devoir pour tout citoyen.

Article 23 : Tout citoyen doit œuvrer pour le bien commun. Il doit remplir toutes ses obligations civiques et notamment s'acquitter de ses contributions fiscales.

Article 24 : Tout citoyen, toute personne habitant le territoire malien a le devoir de respecter en toutes circonstances le présent Acte.

TITRE II :
DE L'ÉTAT ET DE LA SOUVERAINETÉ

Article 25 : Le Mali est une République indépendante, souveraine, indivisible, démocratique, laïque et sociale.

Son principe est le gouvernement du Peuple, par le Peuple et pour le Peuple.

L'emblème national est composé de trois bandes verticales et égales de couleurs vert, or et rouge.

La devise de la République est « Un Peuple -Un But-Une Foi ».

L'hymne national est « Le Mali ». La loi détermine le sceau et les armoiries de la République.

Le français est la langue d'expression officielle.

La loi fixe les modalités de promotion et d'officialisation des langues nationales.

Article 26 : La souveraineté nationale appartient au peuple tout entier qui l'exerce par ses représentants ou par voie de référendum.

Aucune fraction du peuple ni aucun individu ne peut s'en attribuer l'exercice.

Article 27 : Le suffrage est universel, égal et secret. Sont électeurs, dans les conditions déterminées par la loi, tous les citoyens en âge de voter, jouissant de leurs droits civiques et politiques.

Article 28 : Les partis concourent à l'expression du suffrage. Ils se forment et exercent librement leurs activités dans les conditions déterminées par la loi. Ils doivent respecter les principes de la souveraineté nationale, de la démocratie, de l'intégrité du territoire, de l'unité nationale et la laïcité de l'État.

TITRE III : DU COMITE NATIONAL POUR LE SALUT DU PEUPLE

Article 29 : Le Comité national pour le Salut du Peuple dénommé CNSP est composé ainsi qu'il suit :

– un Président ; - des Vice-Présidents ;

– des Membres.

Un règlement intérieur fixe l'organisation et les modalités de fonctionnement du Comité.

Article 30 : Le Comité national pour le Salut du Peuple a pour mission d'assurer la continuité de l'État en attendant la mise en place des organes de transition.

Article 31 : Le Comité national pour le Salut du Peuple se réunit en session ordinaire et en session extraordinaire.

Il institue les Commissions qu'il juge utiles pour l'accomplissement de sa mission.

TITRE IV :
DU PRESIDENT DU COMITE

Article 32 : Le Comité national pour le Salut du Peuple désigne en son sein un Président qui assure les fonctions de Chef de l'État.

Lorsque le Président du Comité est empêché de remplir ses fonctions, de façon temporaire ou définitive, ses pouvoirs sont exercés par un Vice- Président suivant l'ordre de préséance déterminé par le Comité.

Article 33 : Le Président du Comité incarne l'unité nationale. Il est le garant de l'indépendance nationale, de l'intégrité du territoire, du respect des traités et accords internationaux auxquels le Mali est partie.

Il veille au fonctionnement régulier des pouvoirs publics ainsi qu'à la continuité de l'État.

Article 34 : Le Président du Comité nomme aux emplois civils et militaires supérieurs déterminés par la loi.

Article 35 : Le Président signe les ordonnances et les décrets adoptés par le Comité national pour le Salut du Peuple.

Article 36 : Le Président du Comité accrédite les Ambassadeurs et les Envoyés extraordinaires auprès des puissances étrangères.

Les Ambassadeurs et Envoyés extraordinaires étrangers sont accrédités auprès de lui.

Article 37 : Lorsque les Institutions de la République, l'indépendance de la Nation, l'intégrité du territoire national ou l'exécution des engagements internationaux sont menacés d'une manière grave et immédiate et que le fonctionnement régulier des pouvoirs publics est interrompu, le Président du Comité prend en accord avec le Comité national pour le

Salut du Peuple les mesures exceptionnelles exigées par les circonstances.

Le Comité national pour le Salut du Peuple fixe la durée d'exercice des pouvoirs exceptionnels du Président.

TITRE V :
DES TRAITES ET ACCORDS INTERNATIONAUX

Article 38 : Le Président du Comité négocie et ratifie les traités.

TITRE VI :
DE L'UNITÉ AFRICAINE

Article 39 : La République du Mali peut conclure avec tout État africain des accords d'association ou de communauté comprenant abandon partiel ou total de souveraineté en vue de réaliser l'unité africaine.

TITRE VII :
DE LA REVISION

Article 40 : Le présent Acte peut être révisé par le Comité national pour le Salut du Peuple.

La proposition de révision ou la révision doit être adoptée à la majorité simple des membres composant le Comité.

TITRE VIII :
DISPOSITIONS FINALES

Article 41 : Avant l'adoption d'une Charte pour la transition, les dispositions du présent Acte qui s'appliquent comme dispositions constitutionnelles, complètent, modifient ou suppléent celles de la Constitution du 25 février 1992.

Toutefois, les dispositions de la Constitution du 25 février 1992 s'appliquent tant qu'elles ne sont pas contraires ou incompatibles avec celles du présent Acte.

Kati, le 24 août 2020

Le Président du Comité national pour le Salut du Peuple,
Colonel Assimi GOÏTA

1. Première version de la Charte de la Transition du 12 septembre 2020

LA CHARTE DE LA TRANSITION

PRÉAMBULE

Nous, Forces Vives de la Nation représentées au sein du Comité National pour le Salut du Peuple (CNSP), du Mouvement du 5 juin-Rassemblement des Forces Patriotiques du Mali (M5-RFP), des Partis et Regroupements Politiques, des Organisations de la Société Civile de l'intérieur et des Maliens établis à l'extérieur, des Mouvements signataires de l'Accord pour la paix et la réconciliation au Mali issu du processus d'Alger et des Mouvements de l'inclusivité ;

Mus par un élan de sursaut national pour la Refondation de l'État, pour la préservation des principes Républicains et le renouveau de la Démocratie et de la Citoyenneté ;

Nous fondant sur la Constitution du 25 février 1992 et l'Acte fondamental N° 001/CNSP du 24 août 2020 ;

Considérant le lourd tribut payé par les filles et les fils du Mali pour aboutir au changement survenu le 18 août 2020 ;

Considérant le caractère salutaire des évènements du 18 août 2020 ayant conduit à la démission du Président de la République, précédée de la dissolution de l'Assemblée nationale et de la démission du Gouvernement ;

Considérant notre attachement aux valeurs et principes démocratiques inscrits dans la Charte africaine de la démocratie, des élections et de la gouvernance du 30 janvier 2007 de l'Union Africaine et dans le Protocole A/SP1/12/01 du 21décembre 2001 de la CEDEAO sur la démocratie et la bonne gouvernance ;

Considérant l'urgence et la nécessité de doter le Mali d'organes de transition afin de combler le vide constitutionnel dans la conduite des affaires publiques ;

Conscients de la nécessité d'une trêve sociale pour permettre aux autorités de la transition de poser les bases de la refondation de l'État ;

Adoptons la présente Charte de la transition qui complète la Constitution du 25 février 1992 et dont le présent préambule est partie intégrante.

TITRE I :
VALEURS, PRINCIPES ET MISSIONS DE LA TRANSITION
CHAPITRE I :
DES VALEURS ET DES PRINCIPES

Article 1er

Outre les valeurs affirmées par la Constitution du 25 février 1992 en son préambule, la présente Charte consacre les valeurs et principes suivants pour conduire la Transition :

- le patriotisme, l'intégrité, la probité et la dignité ;
- le mérite, le sens de la responsabilité et la redevabilité ;
- la discipline, le civisme et la citoyenneté ;
- la fraternité, la tolérance et l'inclusion ;
- la neutralité, la transparence, la justice et l'impartialité ;
- le dialogue et l'esprit de consensus ;
- l'esprit de solidarité, de pardon et de réconciliation.

CHAPITRE II :
DES MISSIONS

Article 2

Les missions de la Transition consacrées par la présente Charte sont notamment :

– le renforcement de la sécurité sur l'ensemble du territoire ;

– la promotion de la bonne gouvernance ;

– l'adoption d'un pacte de stabilité sociale ;

– le lancement du chantier des réformes politiques et institutionnelles ;

– l'organisation des élections générales.

TITRE II :
DES ORGANES DE LA TRANSITION

Article 3

Les organes de la Transition sont :

– le Président de la Transition ;

– le Conseil National de Transition ;

– le Gouvernement de Transition.

CHAPITRE I :
DU PRESIDENT DE LA TRANSITION

Article 4

Le Président de Transition remplit les fonctions de Chef de l'État. Il veille au respect de la Constitution et de la Charte de la transition.

Ses pouvoirs et prérogatives sont définis dans la présente Charte et la Constitution du 25 février 1992.

Le Président de Transition est choisi par un collège de désignation mis en place par le Comité National pour le Salut du Peuple.

Article 5

Le mandat du Président de transition prend fin après l'investiture du Président issu de l'élection présidentielle.

Article 6

Le Président de Transition est secondé par un Vice-président. Il est désigné suivant les mêmes conditions que ce dernier.

Le Vice-président est chargé des questions de défense, de sécurité et de la refondation de l'État.

Article 7

Le Vice-président remplace le Président en cas d'empêchement temporaire ou définitif.

Article 8

Tout candidat aux fonctions de Président et de Vice-président de Transition doit remplir les conditions suivantes :

- être une personnalité civile ou militaire ;
- être de nationalité malienne d'origine ;
- être âgé de 35 ans au moins et de 70 ans au plus ;
- être intègre, de bonne moralité et impartial ;
- être une personnalité de notoriété publique ;
- jouir de ses capacités physique et mentale ;
- n'avoir jamais fait l'objet d'une condamnation pénale ;
- être reconnu pour son engagement dans la défense des intérêts nationaux.

Article 9

Le Président et le Vice-président de la Transition ne sont pas éligibles aux élections présidentielle et législatives qui seront organisées pour marquer la fin de la Transition.

La présente disposition n'est pas susceptible de révision.

Article 10

Le Président et le Vice-président de Transition entrent en fonction sept (07) jours au plus après leur désignation.

Avant d'entrer en fonction, ils prêtent devant la Cour suprême le serment suivant :

« ***Je jure devant Dieu et le peuple malien de préserver en toute fidélité le régime républicain, de respecter et de faire respecter la Constitution, la charte de la transition et la Loi, de remplir mes fonctions dans l'intérêt supérieur du peuple, de préserver les acquis démocratiques, de garantir l'unité nationale, l'indépendance de la patrie et l'intégrité du territoire national.***

Je m'engage solennellement et sur l'honneur à mettre tout en œuvre pour la réalisation de l'unité africaine ».

Après la cérémonie d'investiture et dans un délai de quarante-huit (48) heures, le Président de la Cour Suprême reçoit publiquement la déclaration écrite des biens du Président et du Vice-président de Transition. Cette déclaration fait l'objet d'une mise à jour.

Dans un délai maximum d'un (1) mois avant la fin de la transition, il reçoit une seconde déclaration écrite. Celle-ci est publiée au Journal officiel accompagnée des justificatifs éventuels en cas d'augmentation du patrimoine.

Cette obligation de déclaration s'applique également à tous les membres des organes de la transition institués par la présente Charte, à l'entrée et à la fin de leurs fonctions.

Article 11

Lorsque le Président de Transition est empêché de façon temporaire de remplir ses fonctions, ses pouvoirs sont provisoirement exercés par le Vice-président. En cas de vacance de la Présidence de Transition pour quelque cause que ce soit, ou d'empêchement définitif constaté par la Cour constitutionnelle saisie par le Gouvernement de Transition, le Vice-président assure l'intérim.

CHAPITRE II : DU GOUVERNEMENT DE TRANSITION

Article 12

Le gouvernement de Transition est dirigé par un Premier ministre nommé par le Président de transition.

Il exerce les prérogatives définies par la présente Charte et la Constitution du 25 février 1992.

Le gouvernement de transition est constitué de vingt-cinq (25) membres au plus.

Article 13

Le Premier ministre et les autres membres du gouvernement doivent remplir les conditions suivantes :

– être de nationalité malienne d'origine ;

– jouir de ses capacités physique et mentale ;

– n'avoir jamais fait l'objet d'une condamnation pénale ;

– avoir les compétences requises ;

– être reconnu pour son engagement patriotique ;

– être de bonne moralité.

Les membres du gouvernement de Transition ne sont pas éligibles aux élections présidentielle et législatives qui seront organisées pour marquer la fin de la transition.

CHAPITRE III :
DU CONSEIL NATIONAL
DE TRANSITION

Article 14

Le Conseil National de Transition est l'organe législatif de la Transition.

Il est composé de cent vingt et un (121) membres répartis entre les Forces de Défense et de Sécurité, les représentants du Mouvement du 5 juin – Rassemblement des Forces Patriotiques du Mali (M5-RFP), les Partis et Regroupements politiques, les Organisations de la société civile, les centrales syndicales, les syndicats libres et autonomes, les organisations de défense des Droits de l'Homme, les Ordres professionnels, les maliens établis à l'extérieur, les Mouvements signataires de l'Accord pour la paix et la réconciliation au Mali issu du processus d'Alger, les Mouvements de l'inclusivité, les groupements de femmes et de jeunes, les personnes vivant avec un handicap, les confessions religieuses, les autorités traditionnelles, les chambres consulaires, les faitières de la presse, des Arts de la Culture.

Un acte fixe la clé de répartition entre les composantes du Conseil National de Transition.

Le Conseil National de Transition exerce les prérogatives définies par la présente Charte et la Constitution du 25 février 1992.

Article 15

Le Conseil National de Transition est présidé par une personnalité civile ou un militaire élue en son sein.

La fonction de Présidence du Conseil National de Transition est incompatible avec l'exercice de tout autre mandat ou responsabilité au cours de la Transition.

Article 16

Le Conseil National de Transition adopte son Règlement intérieur lors de sa session inaugurale.

Le Conseil National de Transition adopte le Plan d'actions de la Feuille de route de la transition présenté par le Premier ministre.

Article 17

Le Conseil National de Transition veille à l'orientation, au contrôle et au suivi-évaluation de la feuille de route de la transition.

TITRE III :
DE LA REVISION DE LA CHARTE DE LA TRANSITION

Article 18

L'initiative de la révision de la présente Charte appartient concurremment au Président de Transition et au tiers (1/3) des membres du Conseil national de Transition.

Le projet ou la proposition de révision est adopté à la majorité des 4/5ème des membres du Conseil National de Transition.

Le Président de Transition procède à la promulgation de l'acte de révision.

TITRE IV : DES DISPOSITIONS TRANSITOIRES ET FINALES

Article 19

La durée de la Transition est fixée à Dix-huit (18) mois à compter de la date d'investiture du Président de Transition.

Article 20

Les membres du Comité National pour le Salut du Peuple et tous les acteurs ayant participé aux évènements allant du 18 août 2020 à l'investiture du Président de Transition, bénéficient de l'immunité juridictionnelle. À ce titre, ils ne peuvent être poursuivis ou arrêtés pour des actes posés lors desdits événements.

Une loi d'amnistie sera adoptée à cet effet.

Article 21

La présente Charte entre en vigueur dès son adoption par les forces vives de la Nation.

Article 22

En cas de contrariété entre la Charte de la transition et la Constitution du 25 février 1992, les dispositions de la présente Charte s'appliquent.

Article 23

Jusqu'à la mise en place des Institutions, les autorités de la Transition prennent les mesures nécessaires au fonctionnement des pouvoirs publics, à la vie de la Nation, à la protection des citoyens et à la sauvegarde des libertés.

Fait à Bamako, le **12** septembre **2020**.

2 Charte de la Transition du 1er octobre 2020

LA CHARTE DE LA TRANSITION

TITRE I :
PRÉAMBULE

Nous, Forces Vives de la Nation représentées au sein du Comité national pour le Salut du Peuple (CNSP), du Mouvement du 5 Juin-Rassemblement des Forces patriotiques du Mali (M5-RFP), des Partis et Regroupements politiques, des Organisations de la Société civile et des Maliens établis à l'extérieur, des Mouvements signataires de l'Accord pour la Paix et la Réconciliation au Mali, issu du processus d'Alger et des Mouvements de l'inclusivité ;

Mus par un élan de sursaut national pour la refondation de l'État, la préservation des principes républicains et le renouveau de la démocratie et de la citoyenneté ;

Nous fondant sur la Constitution du 25 février 1992 et l'Acte fondamental n° 001/CNSP du 24 août 2020 ;

Tenant compte de l'Accord pour la Paix et la Réconciliation au Mali, issu du processus d'Alger ;

Considérant le caractère patriotique des évènements du 18 août 2020 ayant conduit à la démission libre et volontaire du Président de la République Monsieur Ibrahim Boubacar KEITA, précédée de la dissolution de l'Assemblée nationale et de la démission du Gouvernement ;

Considérant l'amplification des conflits meurtriers dans les régions au centre comme au nord du Pays, avec des milliers de morts, des centaines de villages détruits, des milliers de déplacés et de réfugiés, ainsi que le sacrifice ultime de nos forces armées mal équipées et livrées à l'ennemi ;

Considérant le lourd tribut payé par les filles et les fils du Mali victimes d'exactions et d'actes de répression ayant fait des martyrs parmi les manifestants pacifiques en juillet 2020 ;

Conscient de l'impérieuse nécessité de situer l'action publique dans un cadre constitutionnel et légal, avec l'assentiment et la mobilisation du Peuple malien ainsi que l'accompagnement de la communauté internationale ;

Considérant notre attachement aux valeurs et principes démocratiques inscrits dans la Charte africaine de la démocratie, des élections et de la gouvernance du 30 janvier 2007 de l'Union africaine et dans le Protocole A/SP1/12/01 du 21 décembre 2001 de la CEDEAO sur la démocratie et la bonne gouvernance ;

Considérant l'urgence et la nécessité de doter le Mali d'organes de transition afin de combler le vide constitutionnel et institutionnel dans la conduite des affaires publiques ;

Conscient de la nécessité d'une trêve sociale pour permettre aux autorités de la transition de poser les bases de la refondation de l'État ;

Adoptons la présente Charte de la Transition qui complète la Constitution du 25 février 1992 et dont le présent préambule est partie intégrante.

TITRE II :
VALEURS, PRINCIPES ET MISSIONS DE LA TRANSITION

CHAPITRE I :
DES VALEURS ET DES PRINCIPES

Article 1er : Outre les valeurs affirmées par la Constitution du 25 février 1992 en son préambule, la présente Charte consacre les valeurs et principes suivants pour conduire la Transition :

- le patriotisme, l'intégrité, la probité et la dignité ;
- le mérite, le sens de la responsabilité et la redevabilité ;
- la discipline, le civisme et la citoyenneté ;
- la fraternité, la tolérance et l'inclusion ;
- la neutralité, la transparence, la justice et l'impartialité ;
- le dialogue et l'esprit de consensus ;
- l'esprit de solidarité, de pardon et de réconciliation.

CHAPITRE II :
DES MISSIONS

Article 2 : Les missions de la Transition consacrées par la présente Charte sont notamment :

- le rétablissement et le renforcement de la sécurité sur l'ensemble du territoire national ;
- le redressement de l'État et la création des conditions de base pour sa refondation ;
- la promotion de la bonne gouvernance ;
- la refonte du système éducatif ;
- l'adoption d'un pacte de stabilité sociale ;

- le lancement du chantier des réformes politiques, institutionnelles, électorales et administratives ;
- l'organisation des élections générales ;
- La mise en œuvre de l'Accord pour la Paix et la Réconciliation au Mali, issu du processus d'Alger.

TITRE III : DES ORGANES DE LA TRANSITION

Article 3 : Les organes de la Transition sont : le Président de la Transition ; le Conseil national de Transition ; le Gouvernement de la Transition.

CHAPITRE I : DU PRESIDENT DE LA TRANSITION

Article 4 : Le Président de la Transition remplit les fonctions de Chef de l'État. Il veille au respect de la Constitution et de la Charte de la Transition.

Il est choisi par un collège de désignation mis en place par le Comité national pour le Salut du Peuple.

Article 5 : Les pouvoirs et prérogatives du Président de la Transition sont définis dans la présente Charte et la Constitution du 25 février 1992.

Article 6 : Le mandat du Président de la Transition prend fin après l'investiture du Président issu de l'élection présidentielle.

Article 7 : Le Président de la Transition est secondé par un Vice-président. Il est désigné suivant les mêmes conditions que ce dernier.

Le Vice-président est chargé des questions de défense et de sécurité.

Article 8 : Tout candidat aux fonctions de Président et de Vice-président de la Transition doit remplir les conditions suivantes :

- o être une personnalité civile ou militaire ;

– être de nationalité malienne d'origine ;

– être âgé de 35 ans au moins et de 75ans au plus ;

– être intègre, de bonne moralité et impartial ;

– être une personnalité de notoriété publique ;

– jouir de ses capacités physique et mentale ;

– n'avoir jamais fait l'objet d'une condamnation pénale pour crime ;

– être reconnu pour son engagement dans la défense des intérêts nationaux.

Article 9 : Le Président et le Vice-président de la Transition ne sont pas éligibles aux élections présidentielle et législatives qui seront organisées pour marquer la fin de la Transition.

La présente disposition n'est pas susceptible de révision.

Article 10 : Le Président et le Vice-président de la Transition entrent en fonction sept (07) jours au plus après leur désignation.

Avant d'entrer en fonction, ils prêtent devant la Cour Suprême le serment suivant :

« Je jure devant Dieu et le peuple malien de préserver en toute fidélité le régime républicain, de respecter et de faire respecter la Constitution, la charte de la transition et la Loi, de remplir mes fonctions dans l'intérêt supérieur du peuple, de préserver les acquis démocratiques, de garantir l'unité nationale, l'indépendance de la patrie et l'intégrité du territoire national.

Je m'engage solennellement et sur l'honneur à mettre tout en œuvre pour la réalisation de l'unité africaine ».

Après la cérémonie d'investiture et dans un délai de quarante-huit (48) heures, le Président de la Cour Suprême reçoit publiquement la déclaration écrite des biens du Président et du Vice-président de la Transition. Cette déclaration fait l'objet d'une mise à jour annuelle.

Dans un délai maximum d'un (1) mois avant la fin de la transition, il reçoit une seconde déclaration écrite. Celle-ci est publiée au Journal officiel accompagnée des justificatifs éventuels en cas d'augmentation du patrimoine.

Cette obligation de déclaration s'applique également à tous les membres des organes de la Transition institués par la présente Charte, à l'entrée et à la fin de leurs fonctions.

CHAPITRE II : DU GOUVERNEMENT DE LA TRANSITION

Article 11 : Le Gouvernement de la Transition est dirigé par un Premier ministre nommé par le Président de la Transition.

Il exerce les prérogatives définies par la présente Charte et la Constitution du 25 février 1992.

Le Gouvernement de la Transition est constitué de vingt-cinq (25) membres au plus.

Article 12 : Le Premier ministre et les autres membres du gouvernement doivent remplir les conditions suivantes :

- -être de nationalité malienne d'origine ;
- jouir de ses capacités physique et mentale ;
- n'avoir jamais fait l'objet d'une condamnation pénale pour crime ;
- avoir les compétences requises ;

– être reconnu pour son engagement patriotique ;

– être de bonne moralité.

Les membres du Gouvernement de la Transition ne sont pas éligibles aux élections présidentielle et législatives qui seront organisées pour marquer la fin de la Transition.

CHAPITRE III :
DU CONSEIL NATIONAL
DE LA TRANSITION

Article 13 : Le Conseil national de Transition est l'organe législatif de la Transition.

Il est composé de cent vingt et un (121) membres répartis entre les Forces de Défense et de Sécurité, les représentants du Mouvement du 5 Juin - Rassemblement des Forces patriotiques (M5-RFP), les partis et regroupements politiques, les organisations de la société civile, les centrales syndicales, les syndicats libres et autonomes, les organisations de défense des Droits de l'Homme, les ordres professionnels, les Maliens établis à l'extérieur, les Mouvements signataires de l'Accord pour la paix et la réconciliation au Mali issu du processus d'Alger, les Mouvements de l'inclusivité, les groupements de femmes, de jeunes et des personnes vivant avec un handicap, les confessions religieuses, les autorités traditionnelles et coutumières, les chambres consulaires, les faitières de la presse, des arts et de la culture.

Un acte fixe la clé de répartition entre les composantes du Conseil national de Transition.

Le Conseil national de Transition exerce les prérogatives définies par la présente Charte et la Constitution du 25 février 1992.

Article 14 : Le Conseil national de Transition est présidé par une personnalité civile ou un militaire élue en son sein.

La fonction de Présidence du Conseil national de Transition est incompatible avec l'exercice de tout autre mandat ou responsabilité au cours de la Transition.

Article 15 : Le Conseil national de Transition adopte son Règlement intérieur lors de sa session inaugurale.

Le Conseil national de Transition adopte le Plan d'actions de la Feuille de route de la transition présenté par le Premier ministre.

Article 16 : Le Conseil national de Transition veille à l'orientation, au contrôle et au suivi-évaluation de la feuille de route de la transition.

CHAPITRE IV : DES AUTRES DISPOSITIONS

Article 17 : L'accès des femmes aux fonctions électives ct nominatives peut être favorisé par des mesures particulières prévues par la loi.

La composition des différents organes de la Transition prend en compte le genre.

Article 18 : Dans les cas de présomption de terrorisme et d'atteinte à la sureté nationale, la garde à vue peut atteindre cent soixante-huit heures, délai au-delà duquel une décision d'un magistrat de l'ordre judiciaire est requise.

Article 19 : Les responsables administratifs et financiers ou questeurs des Institutions de la République sont nommés par décret pris en Conseil des ministres.

Article 20 : L'État reconnait les mécanismes traditionnels de règlement des litiges fondés sur les us et coutumes des différentes communautés dans les conditions définies par la loi.

TITRE IV :
DE LA REVISION DE LA CHARTE DE LA TRANSITION

Article 21 : L'initiative de la révision de la présente Charte appartient concurremment au Président de la Transition et au tiers (1/3) des membres du Conseil national de Transition.

Le projet ou la proposition de révision est adopté à la majorité des 4/5e des membres du Conseil national de Transition.

Le Président de la Transition procède à la promulgation de l'acte de révision.

TITRE V :
DISPOSITIONS TRANSITOIRES ET FINALES

Article 22 : La durée de la Transition est fixée à dix-huit (18) mois à compter de la date d'investiture du Président de la Transition.

Article 23 : Les membres du Comité national pour le Salut du Peuple et tous les acteurs ayant participé aux évènements allant du 18 août 2020 à l'investiture du Président de la Transition, bénéficient de l'immunité. À ce titre, ils ne peuvent être poursuivis ou arrêtés pour des actes posés lors desdits événements. Une loi d'amnistie sera adoptée à cet effet.

Article 24 : La présente Charte entre en vigueur dès son adoption par les Forces vives de la Nation.

Article 25 : En cas de contrariété entre la Charte de la Transition et la Constitution du 25 février 1992, les dispositions de la présente Charte s'appliquent.

La Cour constitutionnelle statue en cas de litige.

Article 26 : Jusqu'à la mise en place des organes de Transition, le Comité national pour le Salut du Peuple (CNSP) prend les mesures nécessaires au fonctionnement des pouvoirs publics, à la vie de la Nation, à la protection des citoyens et à la sauvegarde des libertés.

Bamako, le 12 septembre 2020

Le Président du Comité national pour le Salut du Peuple,

Colonel Assimi GOITA

3. Révision de la Charte de la Transition révisée le 25 février 2022

LOI N° 2022-001/ DU 25 FÉVRIER 2022 PORTANT REVISION DE LA CHARTE DE LA TRANSITION

Le Conseil national de Transition a délibèré et adopté en sa séance du 21 février 2022,

Le Président de la Transition, Chef de l'État promulgue la loi dont la teneur suit :

Article 1er : Il est inséré⊠ un avant dernier alinéa dans le Préambule de la Charte ainsi libellé :

« Considérants les Recommandations des Assises Nationales de la Refondation de l'État des 27, 28, 29 et 30 décembre 2021. »

Article 2 : Les articles 2, 7, 8, 9, 10, 11, 13, 19, 22 et 23 de la Charte de la Transition sont modifiés ainsi qu'il suit :

« Article 2 nouveau : Les missions de la Transition consacrées par la présente Charte sont notamment :

- le rétablissement et le renforcement de la sécurité sur l'ensemble du territoire national ;
- le redressement de l'État et la création des conditions de base pour sa refondation ;
- la promotion de la bonne gouvernance ;
- la refonte du système éducatif ;
- l'adoption d'un pacte de stabilité sociale ;
- les réformes politiques, institutionnelles, électorales et administratives ;
- l'organisation des élections générales ;

- la mise en œuvre intelligente de l'Accord pour la Paix et la Réconciliation au Mali, issu du processus d'Alger ;
- la mise en œuvre efficiente des Recommandations des Assises nationales de la Refondation. »

« Article 7 nouveau : En cas de vacance de la Présidence de la Transition pour quelque cause que ce soit ou d'empêchement absolu ou définitif du Président de la Transition pour quelque cause que ce soit, constaté par la Cour constitutionnelle saisie par le Président du Conseil national de Transition et le Premier ministre, les fonctions du Président de la Transition sont exercées par le Président du Conseil national de Transition jusqu'à la fin de la Transition. »

« Article 8 : Le Président de la Transition doit remplir les conditions suivantes :

- être une personnalité civile ou militaire ;
- être de nationalité malienne d'origine ;
- être âgé de 35 ans au moins et de 75 ans au plus ;
- être intègre, de bonne moralité et impartial ;
- être une personnalité de notoriété publique ;
- jouir de ses capacités physique et mentale ;
- n'avoir jamais fait l'objet d'une condamnation pénale pour crime ;
- être reconnu pour son engagement dans la défense des intérêts nationaux. »

« Article 9 nouveau : Le Président de la Transition n'est pas éligible aux élections présidentielles et législatives qui seront organisées, pour marquer la fin de la Transition. La présente disposition n'est pas susceptible de révision. »

« Article 10 nouveau : Le Président de la Transition entre en fonction sept (07) jours au plus après sa désignation.

Avant d'entrer en fonction, il prête devant la Cour suprême, le serment suivant :

"*Je jure devant Dieu et le peuple malien de préserver en toute fidélité le régime républicain, de respecter et de faire respecter la Constitution, la Charte de la Transition et la loi, de remplir mes fonctions dans l'intérêt supérieur du peuple, de préserver les acquis démocratiques, de garantir l'unité nationale, l'indépendance de la patrie et l'intégrité du territoire national.*

Je m'engage solennellement et sur l'honneur à mettre tout en œuvre pour la réalisation de l'unité africaine".

Après la cérémonie d'investiture et dans un délai de quarante-huit (48) heures, le Président de la Cour suprême reçoit publiquement la déclaration écrite des biens du Président de la Transition. Cette déclaration fait l'objet d'une mise à jour annuelle.

Dans un délai maximum d'un (1) mois, avant la fin de la transition, il reçoit une seconde déclaration écrite. Celle-ci est publiée au Journal officiel, accompagnée des justificatifs éventuels en cas d'augmentation du patrimoine. Cette obligation de déclaration s'applique également à tous les membres des organes de la Transition institués par la présente Charte, à l'entrée et à la fin de leurs fonctions. »

« Article 11 nouveau : Le Gouvernement de la Transition est dirigé par un Premier ministre nommé par le Président de la Transition. Il exerce les prérogatives définies par la présente Charte et la Constitution du 25 février 1992. »

« Article 13 nouveau : Le Conseil national de Transition est l'organe législatif de la Transition.

Il est composé de cent quarante-sept (147) membres répartis entre les Forces de Défense et de Sécurité, les représentants du Mouvement du 5 Juin- Rassemblement des Forces patriotiques (M5-RFP), les partis et regroupements politiques, les organisations de la société civile, les centrales syndicales, les syndicats libres et autonomes, les organisations de défense des Droits de l'Homme, les ordres professionnels, les Maliens établis à l'extérieur, les Mouvements signataires de l'Accord pour la Paix et la Réconciliation au Mali, issu du processus d'Alger, les Mouvements de l'inclusivité, les groupements de femmes, de jeunes et des personnes vivant avec un handicap, les confessions religieuses, les autorités traditionnelles et coutumières, les chambres consulaires, les faitières de la presse, des arts et de la culture.

Un décret du Président de la Transition fixe la clé de répartition entre les composantes du Conseil national de Transition dans le cadre de son élargissement. Le Conseil national de Transition exerce les prérogatives définies par la présente Charte et la Constitution du 25 février 1992. »

« Article 19 nouveau : Les responsables administratifs et financiers des Institutions de la République sont nommés par décret pris en Conseil des ministres. »

« Article 22 nouveau : La durée de la Transition est fixée conformément aux recommandations des Assises nationales de la Refondation.

La Transition prend fin avec l'élection présidentielle organisée par les autorités de la Transition, la prestation de serment et la passation des charges au nouveau Président élu. »

« Article 23 nouveau : Les membres du Comité national pour le Salut du Peuple et tous les acteurs ayant participé aux évènements allant du 18 août 2020 à l'investiture du Président de la Transition, et ceux du 24 mai 2021, ne peuvent être poursuivis ou arrêtés pour les faits et actes commis lors desdits évènements.

Une loi d'amnistie est adoptée à cet effet. »

Article 3 : Le Chapitre IV du Titre III est libellé comme suit : « CHAPITRE IV : DES DISPOSITIONS SPÉCIFIQUES » Bamako, le 25 février 2022

Le Président de la Transition, Chef de l'État,

Colonel Assimi GOITA

4. Arrêt de la Cour constitutionnelle du 18 décembre 2020

ARRET N° 2020-07/CC
DU 18 DÉCEMBRE 2020

La Cour constitutionnelle

AU NOM DU PEUPLE MALIEN

Vu la Constitution ;

Vu la Charte de la Transition ;

Vu la Loi n°97-010 du 11 février 1997 portant Loi organique déterminant les règles d'organisation et de fonctionnement de la Cour constitutionnelle ainsi que la procédure suivie devant elle, modifiée par la Loi n° 02-011 du 05 mars 2002 ;

Vu le Décret n° 94-421 du 21 décembre 1994 portant organisation du Secrétariat Général et du Greffe de la Cour constitutionnelle ;

Vu le règlement intérieur de la Cour constitutionnelle en date du 28 août 2002 ;

Vu la lettre confidentielle n° 0001/P-CNT en date du 11 décembre 2020 du Président du Conseil national de Transition, transmettant à la Cour Constitutionnelle le Règlement Intérieur du Conseil national de Transition, pour contrôle de conformité à la Constitution ;

Vu les pièces jointes ;

Les rapporteurs entendus en leur rapport ;

Après en avoir délibéré ;

Considérant que par lettre confidentielle n° 0001/P-CNT en date du 11 décembre 2020, enregistrée le même jour au courrier confidentiel sous le n° 069 et au courrier ordinaire du Greffe de la Cour de céans sous le n° 389, le Président du Conseil national de Transition a saisi la Cour constitutionnelle, aux fins de contrôle de conformité à la Constitution, du Règlement Intérieur du Conseil national de Transition adopté le 11 décembre 2020 ;

SUR LA RECEVABILITÉ DE LA SAISINE

Considérant que l'article 68 de la Constitution dispose : « L'Assemblée Nationale établit son règlement intérieur... » ;

Considérant qu'aux termes des dispositions de l'article 86 de la Constitution : « La Cour Constitutionnelle statue obligatoirement sur la constitutionnalité des lois organiques et des lois avant leur promulgation ; les règlements intérieurs de l'Assemblée Nationale, du Haut Conseil des Collectivités et du Conseil Économique, Social et Culturel avant leur mise en application quant à leur conformité à la Constitution... » ;

Considérant que la Charte de la Transition dans son préambule dispose : « La présente Charte complète la Constitution du 25 février 1992 » ;

Qu'aux termes de l'article 13 de la Charte de la Transition : « Le Conseil national de Transition est l'organe législatif de la Transition » ;

Que l'article 15 alinéa 1 de ladite Charte indique : « Le Conseil national de Transition élabore son Règlement Intérieur lors de sa session inaugurale » ;

Considérant qu'en sa séance du 11 décembre 2020, le Conseil national de Transition a adopté son Règlement Intérieur constitué de dispositions préliminaires, de quatre

(04) titres, de quinze (15) chapitres et de quatre- vingt-seize (96) articles ;

Que le Règlement Intérieur ainsi adopté a été transmis à la Cour constitutionnelle le même jour, par le Président du Conseil national de Transition, pour contrôle de sa conformité à la Constitution ;

Considérant que l'article 47 de la Loi n° 97-010 du 11 février 1997 modifiée par la Loi n° 02-011 du 05 mars 2002 portant loi organique déterminant les règles d'organisation et de fonctionnement de la Cour Constitutionnelle ainsi que la procédure suivie devant elle dispose : « Les règlements intérieurs et les modifications aux règlements intérieurs adoptés par l'Assemblée Nationale, le Haut Conseil des Collectivités Territoriales, le Conseil Economique, Social et Culturel sont transmis obligatoirement à la Cour Constitutionnelle par les Présidents de ces Institutions et ce, avant leur mise en application par les Institutions qui les ont votés.

Le Président de l'Institution concernée procède sans délai à la mise en conformité du texte avec l'arrêt de la Cour. Celle-ci reçoit communication du texte définitif avant sa mise en application » ;

Considérant qu'aucune disposition dudit Règlement Intérieur n'a encore été mise en application ; que dès lors, la Cour constitutionnelle est régulièrement saisie par le Président du Conseil national de Transition, conformément aux dispositions des articles 68 et 86 de la Constitution, 13 et 15 alinéa 1 de la Charte de la Transition et 47 de la loi organique sur la Cour constitutionnelle susvisée ;

Que par conséquent, il y a lieu de déclarer recevable la saisine de la Cour constitutionnelle par le Président du Conseil national de Transition ;

SUR LA CONFORMITÉ DU RÈGLEMENT INTÉRIEUR

Considérant que le Règlement Intérieur adopté par le Conseil national de Transition en sa séance du 11 décembre 2020, est constitué de quatre-vingt-seize (96) articles répartis entre des dispositions préliminaires, quatre (04) titres et quinze (15) chapitres ;

Que les dispositions préliminaires (articles 1er à 4) énoncent les textes régissant le Conseil national de Transition, précisent que ses membres portent le titre de « Députés de la Transition », fixent le siège ainsi que l'ordre et la sécurité au sein du Conseil national de Transition et déterminent la langue officielle dans laquelle se déroulent les débats ;

Que le titre premier (articles 5 à 44) relatif à l'organisation et au fonctionnement du Conseil national de Transition est composé de sept (07) chapitres : le chapitre I régit la démission du député de la transition et la vacance de siège, le chapitre II traite du bureau du Conseil national de Transition, le chapitre III concerne les attributions du bureau du Conseil national de Transition, le chapitre IV est relatif aux nominations personnelles, le chapitre V porte sur les commissions, le chapitre VI régit la commission de contrôle et le chapitre VII est consacré à la police, à la discipline et à l'immunité ;

Que le titre II relatif à la procédure législative comporte six (06) chapitres (articles 45 à 79), qui portent respectivement, sur le dépôt des projets et propositions de loi, le règlement de l'ordre du jour et l'organisation des débats, la tenue des séances plénières, le mode de votation, la discussion des projets et propositions de loi et les amendements ;

Que le titre III relatif au contrôle parlementaire comprend deux parties (articles 80 à 90) consacrées aux rapports entre le Conseil national de Transition et le Gouvernement : la première partie comporte deux (02) chapitres, dont le premier traite des résolutions, des questions écrites, demande de renseignements et enquêtes et le second évoque les questions orales, les questions d'actualité et les interpellations du Gouvernement ;

Que la deuxième partie, est relative à la mise en jeu de la responsabilité du Gouvernement, au débat sur le plan d'actions de la feuille de route de la Transition et aux motions de censure ;

Que le quatrième et dernier titre (articles 91 à 96) porte sur les dispositions diverses, notamment celles relatives aux indemnités allouées aux députés de la transition, aux interdictions à eux faites, à leurs insignes, à l'écharpe, à leurs avantages et à la modification du Règlement Intérieur ;

Considérant qu'aux termes des dispositions de l'article 60 de la Constitution « Les membres de l'Assemblée Nationale portent le titre de Députés » ;

Que l'article 61 de la Constitution dispose « Les Députés sont élus pour cinq ans au suffrage universel direct... » ;

Qu'au regard de ces dispositions constitutionnelles, le titre de Députés s'acquiert par élection au suffrage universel direct ;

Considérant que l'article 2 du Règlement Intérieur indique : « Les membres du Conseil national de Transition portent le titre de Député de la Transition... » ;

Considérant que les membres du Conseil national de Transition ont été nommés par décret du Président de la Transition ; que dès lors, même si le Conseil national de Transition est, au regard de l'article 13 de la Charte de la Transition, l'organe législatif de la Transition, ses membres ne sauraient porter le titre de Députés ;

Qu'au surplus, la Charte qui crée le Conseil national de Transition n'attribue pas la qualité de député, mais plutôt l'appellation de « membres du Conseil national de Transition » ;

Que l'article 2 du Règlement Intérieur est contraire aux dispositions des articles 60 et 61 de la Constitution et 13 de la Charte de la Transition ;

Que par conséquent, il convient de remplacer dans le Règlement Intérieur, l'appellation « Député de la Transition » par « membres du Conseil national de Transition » ;

Considérant que la séparation des pouvoirs exécutif, législatif et judiciaire est un principe constitutionnel consacré ;

Que l'article 9 alinéa 3 du Règlement Intérieur dit : « En application de l'article 19 de la Charte de la Transition, les questeurs sont nommés par Décret pris en Conseil des ministres, parmi les membres du Conseil national de Transition sur proposition de son Président » ;

Que cette nomination constitue une immixtion du pouvoir exécutif dans la gestion interne d'un pouvoir législatif ; qu'il s'agit d'une violation du principe constitutionnel de séparation des pouvoirs ;

Que dès lors les questeurs doivent, au même titre que les autres membres du bureau, être élus par leurs pairs ;

Qu'il y a lieu de dire que l'article 9 alinéa 3 est contraire à la Constitution ;

Considérant qu'aux termes de l'article 62 de la Constitution, les députés bénéficient de l'immunité parlementaire ; que les membres du Conseil national de Transition, organe législatif, bénéficient de la même immunité aux termes de l'article 44 du Règlement Intérieur ; que cependant ledit article, tout en restant conforme à la Constitution, n'indique pas de façon complète les modalités de la mise en œuvre de sa levée ; qu'il y a lieu d'ajouter : « A la fin des débats, il est procédé au vote d'une résolution sur la base du rapport présenté par la commission ad'hoc. La résolution est communiquée au Gouvernement par le Président du Conseil national de Transition » ;

Considérant que l'article 22 de la Charte de la Transition dispose : « La durée de la Transition est fixée à dix-huit (18) mois à compter de la date d'investiture du Président de la Transition » ;

Que l'article 94 du Règlement Intérieur indique « le Conseil national de Transition demeure jusqu'à la mise en place d'une nouvelle Assemblée Nationale issue d'élection régulière » ;

Que cette indication n'est pas conforme à la disposition de l'article 22 ci-dessus ;

Que dès lors, il y a lieu de préciser que la durée du mandat du Conseil national de Transition est celle fixée par l'article 22 de la Charte de la Transition ;

Considérant que l'article 95 prévoit la modification du Règlement Intérieur sans en préciser la procédure appropriée ; qu'il convient de déterminer les modalités de cette modification, conformément à l'article 15 de la Charte de la Transition ;

Considérant qu'aux termes de l'article 3 de la Charte : « Les organes de la Transition sont : le Président de la Transition, le Conseil national de Transition, le Gouvernement de la Transition » ;

Que par endroits le Règlement Intérieur mentionne tantôt, « le Conseil national de la Transition », tantôt « la Charte de Transition » ; que de telles énonciations ne sont pas conformes aux écritures de la Charte ;

Qu'il convient de les harmoniser en réécrivant « Conseil national de Transition » et « Charte de la Transition » ;

Considérant qu'en dehors des dispositions des articles 2, 9 alinéa 3 et 94, les autres dispositions du présent Règlement Intérieur sont conformes à la Constitution et à la Charte de la Transition ;

PAR CES MOTIFS

Article 1er : Déclare la requête du Président du Conseil national de Transition recevable ;

Article 2 : Déclare contraires à la Constitution et à la Charte de la Transition, les articles 2, 9 alinéa 3 et 94 du Règlement Intérieur du Conseil national de Transition ;

Article 3 : Déclare conformes à la Constitution et à la Charte de la Transition, toutes les autres dispositions du règlement Intérieur du Conseil national de Transition, sous réserves de l'harmonisation de la dénomination du Conseil national de Transition et de la Charte de la Transition et de l'amélioration des articles 44 et 95 relatifs respectivement à la procédure de vote de la levée de l'immunité des membres du Conseil national de Transition et à la procédure de modification du Règlement Intérieur ;

Article 4 : Ordonne la notification du présent arrêt au Président du Conseil national de Transition, au Premier ministre et sa publication au Journal officiel.

5. Arrêt de la Cour constitutionnelle du 28 mai 2021

ARRET N° 2021-02/CC/VACANCE
DU 28 MAI 2021

La Cour constitutionnelle

AU NOM DU PEUPLE MALIEN

Vu la Constitution ;

Vu la Charte de la Transition ;

Vu la Loi n°97-010 du 11 février 1997 portant Loi organique déterminant les règles d'organisation et de fonctionnement de la Cour constitutionnelle ainsi que la procédure suivie devant elle, modifiée par la Loi n° 02-011 du 05 mars 2002 ;

Vu le Décret n° 94-421 du 21 décembre 1994 portant organisation du Secrétariat général et du Greffe de la Cour constitutionnelle ;

Vu le Règlement intérieur de la Cour constitutionnelle en date du 28 août 2002 ;

Vu le Décret n° 2021-0355/P-T du 24 mai 2021 mettant fin aux fonctions du Premier ministre et des membres du Gouvernement ;

Vu la lettre de démission de Monsieur Bah N'DAW, Président de la Transition en date du 24 mai 2021 ;

Vu la lettre n°000145 du 27 mai 2021 du ministre Directeur de Cabinet du Vice-président de la Transition transmettant au Président de la Cour constitutionnelle la lettre de démission en date du 24 mai 2021 du Président de la Transition et le Décret n° 2021-0355/P-T du 24 mai 2021 mettant fin aux fonctions du Premier ministre et des membres du Gouvernement ;

Les rapporteurs entendus en leur rapport ;

Après en avoir délibéré ;

Considérant que par lettre n° 000145 du 27 mai 2021, enregistrée le même jour au courrier à l'arrivée du Greffe de la Cour de céans sous le n° 007, le ministre Directeur de Cabinet du Vice-président de la Transition saisissait le Président de la Cour constitutionnelle, aux fins de droit ;

SUR LA RECEVABILITÉ DE LA SAISINE

Considérant qu'aux termes des dispositions de l'article 36 alinéa 2 de la Constitution du 25 février 1992 : « En cas de vacance de la Présidence de la République pour quelque cause que ce soit ou d'empêchement absolu ou définitif constaté par la Cour Constitutionnelle saisie par le Président de l'Assemblée Nationale et le Premier ministre, les fonctions du Président de la République sont exercées par le Président de l'Assemblée Nationale » ;

Considérant qu'en l'espèce, il s'agit de la vacance de la Présidence de la Transition et non de la vacance de la Présidence de la République d'une part ; que le Gouvernement est dissout suivant décret n° 0355/P-T du 24 mai 2021, d'autre part ;

Que dès lors les dispositions de l'article 36 de la Constitution ne sont applicables qu'à la vacance de la présidence pour quelque cause que ce soit ou d'empêchement absolu ou définitif ;

Considérant qu'aux termes du titre I de la Charte de la Transition du 1 octobre 2020 « la Charte de la Transition ...complète la Constitution du 25 février 1992 et dont le présent préambule est partie intégrante » ;

Que cependant elle ne prévoit ni la procédure de constatation de la vacance de la Présidence de la Transition, ni les autorités chargées de saisir la Cour à cet effet, encore moins le mode de saisine ;

Considérant que ce vide juridique ne saurait bloquer le fonctionnement des organes de la Transition et l'activité des Pouvoirs Publics ;

Qu'en conséquence, il y a lieu de déclarer recevable la lettre n° 000145 du 27 mai 2021 du ministre Directeur de Cabinet du Vice-président de la Transition tendant à la constatation de la vacance de la Présidence de la Transition ;

SUR L'OBJET DE LA SAISINE

Considérant que dans une lettre du 24 mai 2021, Monsieur Bah N'DAW, Président de la Transition présentait sa démission en ces termes « ... je voudrais en ce moment précis tout en remerciant le peuple malien pour son accompagnement le long de ces derniers mois, la chaleur de son affection, vous dire ma décision de quitter mes fonctions, toutes mes fonctions à partir de ce moment, et avec toutes les conséquences de droit... » ;

Considérant qu'au regard de ce que dessus, il y a lieu de constater la vacance de la Présidence de la Transition ;

Considérant qu'aux termes de l'article 7 de la Charte de la Transition « le Président de la Transition est secondé par un Vice- président. Il est désigné dans les mêmes conditions que lui » ;

Considérant qu'aux termes de l'article 8 de la Charte de la Transition, le Président de la Transition et le Vice-président de la Transition peuvent « être une personnalité civile ou militaire » ;

Qu'ils prêtent tous deux serment devant la Cour suprême, ainsi qu'il ressort des dispositions de l'article 10 de la Charte de la Transition ;

Considérant qu'aux termes de l'article 85 alinéa 2 de la Constitution, la Cour constitutionnelle est « ...l'organe régulateur du fonctionnement des institutions et de l'activité des Pouvoirs Publics » ;

Que l'article 3 de la Charte de la Transition dit que les organes de la Transition sont : le Président de la Transition, le Conseil National de Transition et le Gouvernement de Transition ;

Considérant la paralysie et le dysfonctionnement des organes de la Transition suite à la démission du Président de la Transition et la dissolution du Gouvernement ;

Qu'en conséquence, il y a lieu de pourvoir à la vacance de la Présidence de la Transition ;

Considérant que le Vice-président de la Transition, Colonel Assimi GOITA, et le Président démissionnaire de la Transition, Monsieur Bah N'DAW, ont été désignés dans leurs fonctions respectives dans les mêmes formes et conditions et ont prêté la même formule de serment devant la Cour suprême ;

Considérant qu'aux termes de l'article 7 de la Charte de la Transition, le Vice-président seconde le Président de la Transition ;

Qu'en raison de la vacance de la Présidence de la Transition, il y a lieu de dire que le Vice-président de la Transition assume les prérogatives, attributs et fonctions de Président de la Transition, Chef de l'État ;

ARRÊTE :

Article 1er : Constate la vacance de la Présidence de la Transition suite à la démission de Monsieur Bah N'DAW, Président de la Transition, Chef de l'État ;

Article 2 : Dit que le Vice-Président de la Transition exerce les fonctions, attributs et prérogatives de Président de la Transition pour conduire le processus de transition à son terme ;

Article 3 : Dit qu'à compter de la notification du présent arrêt, le Vice- président de la Transition porte le titre de Président de la Transition, Chef de l'État ;

Article 4 : Ordonne la notification du présent arrêt au Vice-président de la Transition, au Président du Conseil National de Transition et sa publication au Journal officiel ;

6. Discours d'Assimi Goïta du 18 août 2021

Source : https://www.maliweb.net/nation/adresse-a-la-nation-du-president-de-la-transition-chef-de-letat-a-loccasion-de-lanniversaire-du-18-aout-2020-2939929.html

Maliennes, Maliens,

Mes chers compatriotes,

18 août 2020-18 août 2021 : il y a de cela un an, jour pour jour, notre Peuple prenait son destin en main, tournait une page de son histoire pour commencer à rédiger un nouveau chapitre. L'anniversaire de cet événement m'offre l'occasion de m'adresser à vous, à travers ce message que je veux un message du souvenir et de l'espoir.

Émettant ce vœu, j'ai une pensée pieuse pour ceux qui ont été arrachés à notre affection, de Kayes à Kidal en passant par Bamako, le plus souvent à la fleur de l'âge. Je m'incline également pour ces autres qui, héroïquement, tombent au front, acceptant le sacrifice ultime pour la défense de la Patrie. Qu'ils reposent en paix ! Nous ne saurions les oublier.

Mes chers compatriotes,

Ce qui s'est produit le 18 août est un aboutissement. L'effondrement de l'État survenu le 22 mars 2012 aurait dû être suivi d'un sursaut patriotique. En lieu et place, ce fut une gestion dont l'une des conséquences majeures fut la déliquescence de la gouvernance. Des hommes et des femmes se sont retrouvés, pour exprimer leur volonté de rupture et de changement. Le Peuple a répondu massivement à l'appel. L'Armée nationale, votre Armée, ne pouvait rester dans l'attentisme : elle a donc pris ses responsabilités pour intervenir et permettre la concrétisation du vœu populaire, le changement.

Bien qu'étant un aboutissement, le 18 août est également un nouveau départ. Un chantier gigantesque nous interpelle : comme l'a dit le poète, tout est à refaire, y compris l'homme car, il s'agit de réussir ce à quoi tout le monde aspire : la Refondation de l'État.

Mes chers compatriotes,

La rupture intervenue le 18 août a été immédiatement suivie d'une série de mesures allant dans le sens de cette refondation : de nouvelles institutions ont été mises en place, un nouveau gouvernement a été formé et tout le monde s'est attelé à la tâche.

Un programme d'action gouvernementale, articulé autour de quatre axes, a été élaboré et a été approuvé par les hommes et les femmes exprimant la volonté du Peuple. Avec son exécution, notre ambition consiste à nous sécuriser pour nous développer, nous doter de textes et d'institutions crédibles pour instaurer une gouvernance vertueuse, réussir des élections transparentes aux résultats incontestables, raffermir la cohésion nationale.

Conscients de la nécessité de mener une action patriotique, il nous revient de nous mobiliser pour affronter les défis de l'heure au délà de tout esprit d'exclusion et de clivage.

Mes chers compatriotes,

Un mot a été mis à la mode ces derniers temps, le mot « inclusivité ». Il nous revient de le privilégier, de le cultiver. Nul, qu'il soit personne privée, association ou parti politique, ne doit exclure les autres et personne ne doit se sentir exclu. Ce à quoi, solennellement, je convie, c'est l'unité d'action pour le sursaut national, au nom de la Refondation.

Que Dieu bénisse le Mali !

Bibliographie

AKACHA N., « Les techniques de participation du juge constitutionnel à la fonction constituante », in *Droit constitutionnel normatif : Développements récents*, sous la direction de R. Ben Achour, Bruxelles, Bruylant, 2009, p. 123.

AUBERT J.-Fr., « La révision totale des Constitutions », *L'Esprit des institutions, l'équilibre des pouvoirs : Mélanges en l'honneur de Pierre Pactet*, Paris, Dalloz, 2003, p. 455- 472.

BEAUD O., *La Puissance de l'État*, Paris, PUF, « Léviathan », 1994.

BEAUD O., « Malaise dans la Constitution », in *Libération*, le 2 décembre 1993, p. 7.

BLACHER Ph.

BLÉOU M., « La question de l'effectivité de la suprématie de la Constitution. À propos des poches de résistance au contrôle juridictionnel de constitutionnalité des lois en France et dans les États africains de succession française », *in* MELEDJE Dj. Fr., *Mélanges dédiés au Doyen Francis V. WODIE*, Toulouse, Presses de l'université de Toulouse-I-Capitole, 2016.

BLÉOU M., « Le juge constitutionnel et les révisions constitutionnelles », *in* AHADZI-NONOU K. *et alii*, *Démocratie en questions : Mélanges en l'honneur du professeur Théodore Holo*, Presses de l'université Toulouse-I-Capitole, 2017, p. 235.

BOILLEY P., « Nord-Mali : les frontières coloniales de l'Azawad », 2019, p. 13.

BOLLE S., « Les révisions dangereuses. Sur l'insécurité constitutionnelle en Afrique », p. 251.

BOSHAB É., *Entre la révision de la Constitution et l'inanition de la nation*, Bruxelles, Larcier, 2013, p. 28.

CHEVALLIER J., *L'État de droit*, Montchrestien, 2017, p. 11.

DAYAK M. Dayak, *Touareg, la tragédie*, Lattès, 1992, p. 84, cité dans SIERPINSKI B., « La légalité internationale de la sécession touareg au Nord du Mali », 2013, p. 24.

DEROSIER J.-Ph., *Les Limites constitutionnelles à l'intégration européenne. Étude comparée : Allemagne, France, Italie, LGDJ*, Paris, 2015, p. 87.

DICKO Br. Él., « Le Mali entre crises et refondation de sa gouvernance », *Monde Afrique, Hommes et Libertés*, n° 192, décembre 2020.

CISSÉ A., *Mali : une démocratie à refonder*, Paris, L'Harmattan, 2006, p. 47.

CISSÉ B. *Le juge, la doctrine et le contrôle des lois de révision de la Constitution,* préfaces d'Éric Desmons et d'Abdoulaye Soma, L'Harmattan, « Logiques juridiques », 2020, 302 p.

COULIBALEY A., « Apologie du contrôle prétorien des lois de révision constitutionnelle », *in* KPODAR A. *et alii*, *Varias autour du droit public, Mélanges en l'honneur du Professeur Ahadzi-Nonou*, Poitiers, PUJP, 2019, p. 841-883.

DEBARD Th., *Dictionnaire de droit constitutionnel*, Ellipses, 2e éd., 2007, p. 180.

DIALLO L., « Pour un examen minutieux de la question des révisions de la Constitution dans les États africains francophones », in http://afrilex.u-bordeaux4.fr/sites/afrilex/IMG/pdf/ Site consulté le 19 novembre 2020.

DIARRA A., *Démocratie et droit constitutionnel dans les pays francophones d'Afrique noire. Le cas du Mali depuis 1960*, Paris, Karthala, 2010, p. 268.

DU BOIS DE GAUDUSSON J., « Point d'actualité sur les modalités de production du droit constitutionnel dans les États africains francophones », *in Mélanges P. Gélard*, Paris, Montchrestien, 1999.

DU BOIS DE GAUDUSSON J., « Le mimétisme postcolonial, et après ? », *Pouvoirs*, 2009/2, n° 129, p. 51.

FALL I. M., « La révision de la Constitution au Sénégal », *Afrilex*, 2018. Site consulté le 12 avril 2020, p. 2.

FALL I. M., *Les Révisions constitutionnelles au Sénégal. Révisions consolidantes et révisions déconsolidantes de la démocratie sénégalaise*, 218 p.

FALL I. M., « La construction des régimes politiques en Afrique : insuccès et succès », http://afrilex.u-bordeaux.fr/la-construction-des-regimes-politiques-en-afrique-insucces-et-succes/, 2014, notes 12 à 18, p. 2.

FATIN-ROUGE STÉFANINI, *Le contrôle du référendum par la justice constitutionnelle*, « Droit public positif », Économica, PUAM, 2004, p. 43.

FAVOREU L., « Légalité et constitutionnalité », *Les Cahiers du Conseil Constitutionnel*, n° 3, 1997, p. 73

GOYARD Cl., « Esprit des institutions et équilibre des pouvoirs », in *L'Esprit des institutions, l'Équilibre des pouvoirs : Mélanges en l'honneur de Pierre Pactet*, Dalloz, 2003, p. 10.

HEUSCHLING L., *État de droit – Rechtsstaat – Rule of Law*, « Nouvelle Bibliothèque de thèses », Paris, Dalloz, 2002, p. 739.

KAMARA M., « Supra-constitutionnalité et exercice du pouvoir constituant dérivé », in *RRJ*, 2008, n° 3, p. 1443.

KAMTO M., *L'Urgence de la pensée, Réflexions sur une précondition du développement en Afrique*, Yaoundé, Mandara, 1993.

KLEIN Cl., *Théorie et pratique du pouvoir constituant*, Paris, PUF, « Les voies du droit », 1996.

KPEDU Y.-A., « Le Parlement constituant en Afrique francophone : contribution à la limitation du pouvoir de révision constitutionnelle en Afrique », in *RDP*, n° 1, 2016, p. 273.

LE PILLOUER A., « Pouvoir constituant originaire et pouvoir constituant dérivé : à propos de l'émergence d'une distinction conceptuelle », in *Revue d'histoire des facultés de droit et de la science juridique*, n° 25-26, 2005-2006, p. 123-141.

MAGNON X., « La puissance et la représentation, l'État et le citoyen : quel est le fondement de l'autorité de la norme constitutionnelle de la jurisprudence du juge constitutionnel ? », *in* MOUTON S., *Le régime représentatif à l'épreuve de la justice constitutionnelle*, « Grands Colloques », LGDJ, 2016, p. 258.

MAÏGA Ch. K.et SINGARÉ I. A., *Les Rébellions au Nord du Mali, Des origines à nos jours*, Bamako, Édis, 2018, p. 383.

MAILLARD DESGRÉES DU LOÛ D., « Le pouvoir constituant dérivé reste souverain », in *RDP*, 2003, p. 725-739.

MBODJ El Hadj, « Le juge : un déterminant du processus électoral en Afrique ? », *in* MÉLIN-SOUCRAMANIEN F. (dir.), *Espaces du service public : Mélanges en l'honneur de Jean du Bois de Gaudusson*, Bordeaux, Presses universitaires de Bordeaux, 2014.

MEINDL Th., « La notion de droit fondamental dans les jurisprudences et doctrines constitutionnelles françaises et allemandes », thèse de doctorat, *LGDJ*, 2003, pp. 395-466.

MELEDJE Dj. Fr., *Droit constitutionnel*, « ABC », 2014, p. 149-151.

MELEDJE Dj. Fr., « Faire, défaire et refaire la Constitution en Côte d'Ivoire : un exemple d'instabilité chronique », *in* FOMBAD Ch., MURRAY Chr., *Fostering Constitutionalism in Africa*, PULP, 2010, p. 309-339.

MODERNE F., *Réviser la Constitution. Analyse comparative d'un concept indéterminé*, Paris, Dalloz, 2006, p. 156.

MOINE A., « La prise en compte internationale de la nature du pouvoir au Mali », *Civitas Europa*, 2013/2, n° 31, p. 60.

NGANGO YOUMBI É., « La supra constitutionnalité. Vue d'Afrique », *in* DOUMBÉ-BILLÉ *et alii*, *Regards sur le droit public en Afrique, Mélanges en l'honneur du Doyen Joseph-Marie Bipoun-Woum*, L'Harmattan, « Études africaines », série droit, 2016, p. 139.

NORMAND N., « L'avenir de l'Afrique subsaharienne », Table ronde du 11 juin 2019.

NORMAND N., « Mali : peut-on encore sauver l'accord d'Alger ? », *Le Point*, 13 avril 2021. Site consulté le 29 janvier 2022.

PASCAL J., « Les illusions constitutionnelles : brèves réflexions sur les révisions constitutionnelles », in Les petites affiches, 27 février 2007, n° 42, p. 4.

RABAULT H., « La clause d'éternité : la recevabilité des recours contre les lois de révision constitutionnelle », in *LPA*, 30 août 2004, n° 173, p. 3.

REDOR M.-J., *De l'État légal à l'État de droit. L'évolution des conceptions de la doctrine publiciste française (1879-1914)*, Paris, Économica, PUAM, 1992, p. 291.

RIGAUX M.-Fr., *La Théorie des limites matérielles à l'exercice de la fonction constituante*, Bruxelles, Larcier, 1985, p. 42-94.

ROUSSEAU D., « L'État de droit est-il un État de valeurs particulières ? », in *Mélanges en l'honneur de Pierre Pactet : L'esprit des institutions, l'équilibre des pouvoirs*, Dalloz, 2003, p. 885.

ROUSSILLON H., « Rigidité constitutionnelle et justice constitutionnelle », *in Mélanges Ph. Ardant, Droit et politique, À la croisée des cultures*, Paris, LGDJ, 1999.

SABETE W., *Pouvoir de révision et droits fondamentaux. Études des fondements épistémologiques et européens de la limite matérielle du pouvoir constituant dérivé*, Rennes, PUR, 2005, p. 181.

SALAMI I., « Le pouvoir constituant dérivé à l'épreuve de la justice constitutionnelle », *Revue togolaise des sciences juridiques*, 2011, p. 5.

SAVONITTO Fl., « Les discours constitutionnels sur la "violation de la Constitution" sous la Ve République », thèse de doctorat, *LGDJ*, 2013, p. 342.

SIERPINSKI B., « La légalité internationale de la sécession touareg au Nord du Mali ? », p. 33.

SIEYÈS E., Qu'est-ce que le tiers état ?, p. 55.

SOMA A., « La souveraineté du pouvoir constituant et le contrôle de constitutionnalité des lois constitutionnelles », in *Annales de l'université de Ouagadougou*, série B, vol. 4, décembre 2012, p. 452.

SOMA A., « Le contrôle de constitutionnalité des lois constitutionnelles en Afrique noire francophone », in *Revue suisse pratique juridique actuelle*, n° 5, 2011, p. 640.

SOUARÉ I. K., *Guerres civiles et coups d'État en Afrique de l'Ouest*, Paris, L'Harmattan, 2007, p. 139.

TJASSIN M., *Mali. Château de cartes. Témoignage d'une crise*, Bamako, La Sahélienne, 2021, p. 100.

TOULABOR C., avant-propos, WING S., *Démocratie malienne et dialogue constitutionnel (1991-2007). La quête d'un État de droit*, Paris, Karthala, 2013, p. 12.

VEDEL G., *Manuel élémentaire de droit constitutionnel*, Sirey, 1949.

VEDEL G., « Schengen et Maastricht », in *RFDA*, mars-avril 1992, p. 179.
VIALA A., « Limitation du pouvoir constituant, la vision du constitutionnaliste », *Civitas Europa*, 2014/1, n° 32, p. 82.
YAMAMOTO H., « Les trois temps pour la liberté du pouvoir constituant », *in* A. Viala, *La Constitution et le Temps*, Lyon, L'Hermès, 2003, p. 13-25.

Presse et sitographie

Le Monde, 24 février 2022, https://www.lemonde.fr/afrique/article/2022/02/23/si-vous-n-etes-pas-avec-nous-vous-etes-contre-nous-a-bamako-le-raidissement-de-la-junte-inquiete_6114972_3212.html Site consulté le 19 mars 2022.
Site du ministère français des Affaires étrangères consulté le 1er août 2021.
https://www.radiofrance.fr/franceculture/podcasts/cultures-monde/mali-le-mythe-du-bon-coup-d-etat-7223880 Site consulté en juin 2022.
http://news.abamako.com/h/14268.html Site consulté en juin 2022.
Jeune Afrique, 19 novembre 2018,
https://www.jeuneafrique.com/375154/politique/jour-19-novembre-1968-coup-detat-renverse-president-malien-modibo-keita/ Site consulté le 19 mars 2022.
Le Nouvel Observateur, 22 mars 2012
https://archive.wikiwix.com/cache/index2.php?url=http%3A%2F%2Ftempsreel.nouvelobs.com%2Fm

onde%2F20120322.FAP1878%2Fcoup-d-etat-de-soldats-contre-le-gouvernement-au-mali.html#federation=archive.wikiwix.com. Site consulté le 19 mars 2022.

Communiqué du Comité national pour le redressement de la démocratie et la restauration de l'État, 22 mars 2012, https://mjp.univ-perp.fr/constit/ml2012.htm Site consulté en mai 2022.

https://www.france24.com/fr/afrique/20210315-mali-le-proc%C3%A8s-du-g%C3%A9n%C3%A9ral-putschiste-amadou-sanogo-se-conclut-sans-verdict Site consulté en avril 2022.

Le Point, 17 mars 2020, https://www.lepoint.fr/afrique/cote-d-ivoire-le-projet-de-revision-constitutionnelle-adopte-17-03-2020-2367597_3826.php Site consulté le 25 mars 2022.

Le Monde, 6 octobre 2016, https://www.lemonde.fr/afrique/article/2016/10/06/la-nouvelle-constitution-ivoirienne-point-par-point_5009433_3212.html Site consulté le 24 mars 2022.

Le Point, 17 mars 2020, https://www.lepoint.fr/afrique/cote-d-ivoire-le-projet-de-revision-constitutionnelle-adopte-17-03-2020-2367597_3826.php Site consulté le 25 mars 2022.

RFI, https://www.rfi.fr/fr/afrique/20190503-senegal-supprimer-premier-ministre-constitution-modifiee-reforme-etat Site consulté le 24 mars 2022.

Unicef. *Éducation. Nourrir le potentiel de chaque enfant à travers une éducation de qualité.* https://www.unicef.org/mali/%C3%A9ducation Site consulté le 29 octobre 2021.

FAO, https://www.fao.org/3/cb8407fr/cb8407fr.pdf Site consulté le 27 mars 2022.

Human Rights Watch, https://www.hrw.org/fr/report/2020/02/10/combien-de-sang-doit-encore-couler/atrocites-commises-contre-des-civils-dans-le Site consulté le 27 mars 2023.

Organisation mondiale de la Santé (OMS), Rapport annuel, 2018, https://www.afro.who.int/sites/default/files/2019-01/OMS%20MALI%20Rapport%20annuel%202018.pdf Site consulté le 29 mars 2022.

Jeune Afrique, 4 décembre 2020, https://www.jeuneafrique.com/1085990/politique/mali-qui-sont-les-membres-du-conseil-national-de-transition/ Site consulté le 2 avril 2022.

Le Point, 16 août 2018, https://www.lepoint.fr/afrique/mali-election-presidentielle-soumaila-cisse-conteste-la-victoire-d-ibk-16-08-2018-2243967_3826.php Site consulté le 29 mars 2022.

Le Monde, 22 janvier 2019, https://www.lemonde.fr/afrique/article/2019/01/22/au-mali-un-debut-d-annee-marquee-par-une-grogne-sociale-generalisee_5412936_3212.html Site consulté le 29 mars 2022.

Le Figaro, 13 septembre 2018, https://www.lefigaro.fr/flash-actu/2018/09/13/97001-20180913FILWWW00371-mali-les-elections-legislatives-reportees-d-un-mois.php Site consulté le 29 mars 2022.

Jeune Afrique, 6 mai 2020,

https://www.jeuneafrique.com/940564/politique/mali-les-resultats-des-legislatives-contestes-par-la-rue/ Site consulté le 29 mars 2022.

https://www.droit-afrique.com/uploads/Mali-Acte-2020-01-fondamental.pdf. Le document est publié en annexe.

https://sgg-mali.ml/JO/2020/mali-jo-2020-17-sp.pdf. Le document est publié en annexe.

RFI, 12 septembre 2020, https://www.rfi.fr/fr/afrique/20200912-concertations-mali-adoption-d-une-charte-une-transition-18-mois Site consulté le 2 avril 2022.

Jeune Afrique, 24 septembre 2020, https://www.jeuneafrique.com/1048748/politique/mali-qui-est-bah-ndaw-lancien-militaire-propulse-a-la-tete-de-la-transition/ Site consulté le 2 avril 2022.

RFI, 4 décembre 2020, https://www.rfi.fr/fr/podcasts/invit%C3%A9-afrique/20201204-moctar-ouane-premier-ministre-malien-chacun-joue-sa-partition-au-gouvernement Site consulté le 2 avril 2022.

Jeune Afrique, 5 décembre 2020, https://www.rfi.fr/fr/afrique/20201205-mali-le-colonel-malick-diaw-%C3%A9lu-%C3%A0-la-t%C3%AAte-du-conseil-national-de-transition Site consulté le 2 avril 2022.

Voir le préambule de l'Acte fondamental du 24 août 2020.

Le Point, 25 mai 2021, https://www.lepoint.fr/afrique/mali-les-militaires-reprennent-le-pouvoir-25-05-2021-2428009_3826.php Site consulté le 8 avril 2022.

Digithèque de matériaux juridiques et politiques, https://mjp.univ-perp.fr/constit/ml2012.htm Site consulté le 9 avril 2022.

Le Point, 28 mai 2021, https://www.lepoint.fr/afrique/mali-un-coup-d-etat-dans-le-coup-d-etat-28-05-2021-2428593_3826.php Site consulté le 9 avril 2022.

https://mondafrique.com/mali-farabougou-toujours-assiegee-par-les-djihadistes/ et https://www.maliweb.net/politique/wague-devant-le-cnt-il-n-y-a-aucun-arrangement-contre-letat-2926428.html

S/RES/2085 (2013), § 13 du préambule, *in* G. Amvane, *op. cit.*, p. 221.

Extrait du rapport de 2009 du Secrétaire général de l'ONU, A/63/881 – S/2009/304, § 17, cité dans l'article de G. Amvane, « Enjeux et perspectives de la reconstruction de l'État malien », IRENEE, université de Lorraine, *Civitas Europa*, 2013/2, n° 31, p. 225.

Ibid. À/67/499 – S/2012/746, § 43.

https://www.conseil-constitutionnel.fr/nouveaux-cahiers-du-conseil-constitutionnel/entre-le-mali-et-la-france-echanges-constitutionnelsSite consulté le 22 mai 2022.

Voir l'article 16 de la Déclaration des droits de l'homme et du citoyen du 26 août 1789.

https://geopolis.francetvinfo.fr/philippe-leymarie-sur-les-causes-de-la-guerre-au-mali-11923, cité dans B. Sierpinski, « La légalité internationale de la sécession touareg au Nord du Mali ? », p. 28.

N. Normand, interview donnée à RP Medias le 31 janvier 2022.

https://www.youtube.com/watch?v=w8xsvd4DNIk Site consulté en juin 2022.

P. Bruguière et M. Rabaud, *Mali, les sacrifiés du Sahel*, coproduction : BABEL DOC/ LCP-Assemblée nationale, 2021

https://www.youtube.com/watch?v=acDS7VId3QE Site consulté le 5 février 2022.

https://www.youtube.com/watch?v=A3StlqoOqO4 Site consulté le 5 février 2022.

https://www.banouto.bj/article/politique/20220210-afrique-de-l-ouest-victor-topanou-suggere-la-formalisation-des-transitions-militaires Site consulté en mai 2022.

Table des matières

Structures éditoriales du groupe L'Harmattan

L'Harmattan Italie
Via degli Artisti, 15
10124 Torino
harmattan.italia@gmail.com

L'Harmattan Hongrie
Kossuth l. u. 14-16.
1053 Budapest
harmattan@harmattan.hu

L'Harmattan Sénégal
10 VDN en face Mermoz
BP 45034 Dakar-Fann
senharmattan@gmail.com

L'Harmattan Cameroun
TSINGA/FECAFOOT
BP 11486 Yaoundé
inkoukam@gmail.com

L'Harmattan Burkina Faso
Achille Somé – tengnule@hotmail.fr

L'Harmattan Guinée
Almamya, rue KA 028 OKB Agency
BP 3470 Conakry
harmattanguinee@yahoo.fr

L'Harmattan RDC
185, avenue Nyangwe
Commune de Lingwala – Kinshasa
matangilamusadila@yahoo.fr

L'Harmattan Congo
219, avenue Nelson Mandela
BP 2874 Brazzaville
harmattan.congo@yahoo.fr

L'Harmattan Mali
ACI 2000 - Immeuble Mgr Jean Marie Cisse
Bureau 10
BP 145 Bamako-Mali
mali@harmattan.fr

L'Harmattan Togo
Djidjole – Lomé
Maison Amela
face EPP BATOME
ddamela@aol.com

L'Harmattan Côte d'Ivoire
Résidence Karl – Cité des Arts
Abidjan-Cocody
03 BP 1588 Abidjan
espace_harmattan.ci@hotmail.fr

Nos librairies en France

Librairie internationale
16, rue des Écoles
75005 Paris
librairie.internationale@harmattan.fr
01 40 46 79 11
www.librairieharmattan.com

Librairie des savoirs
21, rue des Écoles
75005 Paris
librairie.sh@harmattan.fr
01 46 34 13 71
www.librairieharmattansh.com

Librairie Le Lucernaire
53, rue Notre-Dame-des-Champs
75006 Paris
librairie@lucernaire.fr
01 42 22 67 13

www.ingramcontent.com/pod-product-compliance
Lightning Source LLC
LaVergne TN
LVHW010928061026
849535LV00007B/2293